CB135662

Companhia Das Letras

MACBETH

WILLIAM SHAKESPEARE nasceu em Stratford-upon-Avon, em 1564, filho de um comerciante bem-sucedido. Casou-se aos dezoito anos com Anne Hathaway, com quem teve três filhos. Estabelecido em Londres durante o reinado de Elizabeth I, produziria o grosso de sua obra — tragédias e comédias, além de um conjunto de sonetos — entre os anos 1590 e 1613. É universalmente reconhecido como o maior dramaturgo de todos os tempos graças a peças como *Macbeth*, *Ricardo III*, *Otelo*, *Rei Lear*, entre outras. Suas peças investigam, expõem e aprofundam as motivações, os desejos, as ambições políticas e as mentiras que contamos para os outros e para nós mesmos — sem esquecer muitas vezes o lado cômico e patético da existência humana. Exausto, retornou à sua cidade natal por volta do ano de 1613, onde morreria, aos 51 anos, em 1616.

LAWRENCE FLORES PEREIRA é professor da Universidade Federal de Santa Maria (RS). É pós-doutor e professor pesquisador do Massachusetts Center for Renaissance Studies, da Universidade de Massachusetts, Amherst. Suas publicações incluem dois livros de poemas, *Engano especular* (sob o pseudônimo Lawrence Salaberry) e *Mar adentro*, e inúmeras traduções poéticas: poesia barroca francesa, Charles Baudelaire, T.S. Eliot e *Hamlet* (primeiro lugar de tradução do Prêmio Jabuti), *Otelo* e *Rei Lear* (Prêmio Paulo Rónai), de Shakespeare, além de *Antígona*, de Sófocles. É organizador de uma série de volumes sobre a literatura dos séculos XVI e XVII e editor da revista acadêmica *Philia&Filia* (em parceria com Kathrin Holzermayr Rosenfield).

CAROL CHILLINGTON RUTTER é professora de Shakespeare e Estudos de Performance na Universidade de Warwick, na Inglaterra. Publicou, entre outros livros, *Clamorous Voices: Shake-*

speare's Women Today, *The Documents of the Rose Playhouse*, *Enter the Body: Women and Representation on Shakespeare's Stage* e *Shakespeare and Child's Play: Performing Lost Boys on Stage and Screen.*

RÉGIS AUGUSTUS BARS CLOSEL é professor adjunto da Universidade Federal de Santa Maria (UFSM), atuando na graduação e na pós-graduação. Obteve seu doutorado na Unicamp, com período de estágio no Shakespeare Institute (Inglaterra). Realizou seu pós-doutorado na USP e no Shakespeare Institute, com apoio da Fapesp. Traduziu as peças *Sir Thomas More* (1600/1603-4) e *Arden de Faversham* (1588) para a língua portuguesa. Dedica-se ao ensino, à orientação e aos estudos da dramaturgia inglesa do Renascimento.

WILLIAM
SHAKESPEARE

A tragédia de Macbeth

Tradução de
LAWRENCE FLORES PEREIRA

Introdução de
CAROL CHILLINGTON RUTTER

Posfácio de
RÉGIS AUGUSTUS BARS CLOSEL

COMPANHIA DAS LETRAS

Copyright © 2025 by Penguin-Companhia das Letras
Copyright da introdução © 2025 by Carol Chillington Rutter

Grafia atualizada segundo o Acordo Ortográfico da Língua Portuguesa de 1990, que entrou em vigor no Brasil em 2009.

Penguin and the associated logo and trade dress are registered and/or unregistered trademarks of Penguin Books Limited and/or Penguin Group (USA) Inc. Used with permission.

Published by Companhia das Letras in association with Penguin Group (USA) Inc.

TÍTULO ORIGINAL
Macbeth

TRADUÇÃO DA INTRODUÇÃO
Sofia Nestrovski

PREPARAÇÃO
Fabio Fujita

REVISÃO
Maria Eugênia Régis
Luís Eduardo Gonçalves
Jane Pessoa

Dados Internacionais de Catalogação na Publicação (CIP)
(Câmara Brasileira do Livro, SP, Brasil)

Shakespeare, William, 1564-1616.

A tragédia de Macbeth / William Shakespeare ; tradução de Lawrence Flores Pereira ; introdução de Carol Chillington Rutter ; posfácio de Régis Augustus Bars Closel. — 1ª ed. — São Paulo : Penguin-Companhia das Letras, 2025.

Título original: Macbeth.
ISBN 978-85-8285-230-9

1. Teatro inglês I. Rutter, Carol Chillington. II. Closel, Régis Augustus Bars. III. Título.

25-281962 CDD-822.33

Índice para catálogo sistemático:
1. Teatro : Literatura inglesa 822.33

Cibele Maria Dias — Bibliotecária — CRB-8/9427

Todos os direitos desta edição reservados à
EDITORA SCHWARCZ S.A.
Rua Bandeira Paulista, 702, cj. 32
04532-002 — São Paulo — SP
Telefone (11) 3707-3500
www.penguincompanhia.com.br
www.companhiadasletras.com.br
www.blogdacompanhia.com.br

Sumário

Introdução

CAROL CHILLINGTON RUTTER

Que tipo de sentimento é o medo? Um estimulante, como a adrenalina, ou um sedativo, um anestésico que nos amortece a consciência? Ele nos salva da catástrofe ou nos leva à loucura — ou só atrapalha nossas ambições? O medo pode ser o sinal de alerta que diz que não iremos longe, como quando Laerte avisa à irmã que o amor do príncipe Hamlet é perigoso: "Cuidado, minha irmã, toma cuidado, Ofélia" (I.3.33).[1] Ou o sinal que explana nossa covardia, assustados demais para encararmos o desafio — qualquer que ele seja, como Hamlet com seu "fígado de pombo", que se esquiva à instrução "Vingança!" (II.2.572-3). Quando não temos o que temer, nós *inventamos* os medos, de modo absurdo. A partir de ninharias, fazemos terrores e morremos de medo deles — é essa a síndrome que Teseu, em *Sonho de uma noite de verão*, diagnostica (e ridiculariza): "Se medo lhe vem da noite em curso,/ transforma um galho à toa em feroz urso" (V.1.21-2).[2] À luz do dia, no entanto, confundir arbusto e urso é, provavelmente, um primeiro sintoma de paranoia.

Todas essas são especulações relevantes para *Macbeth*. Em *Macbeth*, familiarizamo-nos com o medo, aprendemos a ouvi-lo, a saboreá-lo, a vê-lo, a senti-lo na nuca, na ponta dos dedos e no centro do cérebro. De todas as peças de Shakespeare, essa é a mais feita de medo, é sua anatomia do medo. A palavra aparece mais vezes nela do que em qualquer outra obra de Shakespeare e, junto dela, um sinônimo do século XVII, que hoje não cumpre mais essa função: "dúvida", que significa não só "estar incerto", "hesitar, deixar de crer ou desconfiar", mas também "temer, recear, ter medo de". Em *Macbeth*, os soldados temem seus companheiros mais próximos; os súditos temem o rei; as mulheres, seus maridos, temendo o medo deles. As crianças temem monstros de brincadeira e a pintura do diabo; os pássaros temem a arapuca. Toda a gente teme os rumores — e teme desconhecer o que se teme. Os notívagos temem os ruídos: os passos na pedra, o pio da coruja, uma batida à porta. Os olhos temem olhar para o que as mãos fizeram, e a memória teme recordar o que droga nenhuma é capaz de purgar das mentes feridas, infestadas de escorpiões. (Uma vez usadas e treinadas, porém, as mãos se acostumam ao medo, e a língua, ao sabor rançoso na boca.) Os anfitriões temem aqueles que convidaram ao banquete sem imaginar que compareceriam. Os homens despertos temem as alucinações dos pesadelos; quando dormem, "o horror no sono" os abala "com tetros sonhos de aflição" (III.2.20-1). Os criados desconfiam de que há riscos iminentes. Os senhores começam a descrer dos equívocos. Todos os que dependem da linguagem aprendem a duvidar de sua duplicidade. Por que Macbeth parece "temer coisas que soam boas?", pergunta Banquo quando ele recua perante as saudações proféticas das irmãs fatídicas em I.3.54-5. O resto da peça trabalha para responder a essa pergunta, e a possibilidade de resposta se complica ainda mais pelo fato de que *fear*, "medo", e *fair*, "justo", hoje tão diferentes na pronúncia do inglês quanto opostos no sentido, soavam idênticos aos ouvidos da época, como explica George Hunter. *Fear* e *fair* eram "pronunciados da mesma maneira na época de Shakespeare".[3] E o próprio Macbeth é, a princípio, *fair*, o homem justo, que a peça aprende a temer, *to fear*.

Dito de modo simples, *Macbeth* é a história de um homem que liberta o medo em seu mundo. Ele é um soldado, matador exímio no campo de batalha, que então comete um assassinato em sua própria casa e mata um homem adormecido. Macbeth só entende o que fez depois de ter cometido o crime, ao sofrer as consequências de seu ato.

Macbeth não mata por impulso. De todos os personagens trágicos de Shakespeare, ele é, na verdade, o mais dado à meditação, o que mais pensa antes de agir. (Vale lembrar que os protagonistas trágicos de Shakespeare — Hamlet, Lear, Otelo, Tito, Bruto, Antônio, Romeu, Coriolano — não são personagens com falhas imensas, mas que cometem erros imensos.) Macbeth não é negligente, impulsivo, confuso nem desajeitado. Não pode afirmar, como o rei Lear, "Pecaram contra mim/ Bem mais do que pequei" (III.2.58-9). Ou, como Romeu, "Eu só queria ajudar" (III.1.113).[4] Não cria desculpas para fazer do assassinato outra coisa, uma vingança, por exemplo, como justifica Hamlet, ou um ato de piedade, como Tito. O assassinato tampouco é pela justiça, um sacrifício terrível, porém necessário, como diz Otelo, convencido de que Desdêmona "tem que morrer ou trairá outros homens" (V.2.6). Macbeth, ao contrário, sabe bem que o que tem em mente é um assassinato e que matar Duncan é errado. Ele se refere ao ato como "funda danação" e "hórrido crime" (I.7.20, 24). Conhece, inclusive, as razões para não matar: o assassino é um suicida. Ele nos ensina "Que a sangrenta ação, quando ensinada, retorna/ E infecta o inventor. [...]/ Devolve à nossa boca a taça envenenada" (9-11).

Se, por um lado, Macbeth é o personagem que mais pensa, também é, por outro, o mais hediondo de todos os personagens de Shakespeare que erram imensamente, o único que, "pelos piores meios", busca "o pior" (III.4.142-3). É um regicida, alguém que assassina um rei. Comete um crime que é político, mas também contra a família, isto é, um crime dinástico. E, como a peça nos dá a entender, trata-se, sobretudo, de um crime contra o universo, já que o horror só encontra expressão adequada numa imagética universal, orgânica e religiosa, pois o rei, vivo, exprime a *viva*cidade do reino, sua fertilidade, seu crescimento e continuidade. "Já iniciei teu cultivo", diz Duncan a Macbeth, abraçando o guerreiro-herói que protegeu seu trono contra o golpe dos rebeldes, "e hei de trabalhar/ Para que cresças com esplendor" (I.4.28-9); "E os nossos deveres/ São filhos e servos pra vosso reino e trono,/ Que só cumprem o que convém quando fazem tudo/ Em prol de vosso amor e honra" (24-7). Matar um rei é escarnecer do amor, anular o contrato do dever, rasgar o vínculo com a natureza, ceifar a árvore da vida. Duncan, assassinado, é "o sacro templo do senhor", escancarado e roubado; "seus cortes" parecem "brechas na natura,/ Onde a ruína se infiltra" (II.3.69, 116-7). Em *Macbeth*, é impossível ocultar essa ruptura terrível e dupla — do corpo natural do rei e de seu corpo simbólico. O cosmos revolto não medirá esforços para tornar o crime conhecido. Alianças estranhas entre o físico e o psíquico, o natural e o sobrenatural, vão produzir instrumentos proféticos aterradores: a boca angélica trombeteando a verdade, espalhando-se pelo globo no cavalo cego do tumulto e da tempestade, e a "piedade, como um bebê desnudo/ Cavalgando a rajada,/ [...]/ Soprará o hórrido crime em cada olho,/ E essas lágrimas todas hão de secar o vento" (I.7.21-2, 24-5). Os homens saberão ler esses sinais cósmicos quando a natureza aparecer à sua porta virada do avesso, quando o dia for escuro sobre a Terra; quando os falcões forem capturados por "um mocho que só caça ratos"; quando os cavalos de Duncan enlouquecerem, "rompe[ndo] as baias" — e se "devora[ndo] uns aos outros" (II.4.14, 17, 20).

Ainda pior que ser o assassino de um rei, Macbeth é um assassino de crianças. Na peça, o corpo das crianças, como o corpo do rei, também desempenha um duplo papel: sua função é tanto direta quanto simbólica, o que multiplica o sentido de Macbeth, diferentemente de Duncan, Banquo, Macduff e Siward (o rol completo de homens adultos da peça), não ter filhos. Sua falta de prole, sua esterilidade, ridicularizam seu projeto dinástico, esvaziando-o de qualquer significado futuro para além da própria ambição de vestir a coroa. Quando pensa sobre o assassinato antes de cometê-lo, Macbeth se pergunta quanto à probabilidade de se safar do crime, calculando se "o assassinato" seria capaz de ceifar "a consequência", e "alcançar/ Com seu cessar sucesso" (I.7.3-4). Só mais tarde compreende que fez o cálculo errado, que não era o "cessar" — pôr fim a uma situação, matar Duncan — que traria o "sucesso", mas a *sucessão*. Não pode haver "sucesso" (ou seja, um resultado positivo, mas também a sequência) sem "sucessão" (um herdeiro, um descendente, alguém que o suceda). Não ter filhos é a morte da ambição: os filhos faltam a Macbeth, logo, Macbeth falta com seu futuro. Sendo assim, Lady Macbeth está certa: "Nada está ganho, tudo é inseguro" (III.2.6). A coroa de Macbeth é "estéril", e ele tem no punho "um cetro infecundo" (III.1.59-60). Ele preencheu "de rancor [seu] cálice de paz" e deu sua "eterna joia" ao "inimigo da raça humana", sua alma a Satã, "pra que do clã de Banquo brotem grãos de reis" (65-9). Para interromper o futuro, Macbeth precisa interromper — matar — as crianças. Mas a falta de filhos, por mais traumática e frustrante que possa ser para Macbeth, é vista por ele simplesmente como uma questão dinástica. É a única explicação de Macduff para os crimes de Macbeth, ao descobrir que o "abutre infernal" (IV.3.227) emboscou seu castelo e dizimou sua família — "Filhos, mulher, servos, todos os que estavam lá": "Ele não tem filhos", conclui Macduff, atônito, emudecido (220, 226). Parece muito pouco diante do que lhe sucedeu, quase nada. Mas resume e registra sua tentativa de dar vazão àquilo que, para ele, é impossível de expressar: como pode alguém que não tem filhos saber o que é matar filho alheio? Um assassino de crianças não está só ceifando a árvore da vida. Ele derrama os "grãos da natureza", lança as sementes da vida à ruína, "até se agoniar com a própria destruição" (IV.1.61).

Como é possível, diante dessa história lamentável, que, encerrada a peça, os papéis de carrasco e vítima tenham se invertido — e que Macbeth seja a *vítima* da tragédia? Como é possível que, ao fim, ele não seja um lobo à solta, ou um abutre infernal, mas um urso preso a uma estaca, atacado por cães de caça; não mais um assassino de todas as crianças, mas um marido enlutado, privado daquilo que "deveria acompanhar a velhice,/ Honra, amor, obediência, legiões de amigos" (V.3.24-5); já não é um "parente sem par", mas um "pobre ator" cuja vida "é um conto tonto dito/ Por um idiota", "Significando nada" (I.4.59; V.5.25, 27-8)? Como é que não sentimos satisfação no final, mas, sim, tristeza? Ou, para dizer de outra forma, como é que *Macbeth* termina sendo tragédia e não melodrama? E será que todas essas questões estão de alguma forma atreladas às que Macbeth levanta na cena de abertura diante daquelas "profetas imperfeitas" (I.3.73), as irmãs fatídicas, que lhe revelam o futuro, mas não ficam para responder às suas perguntas? "Quem sois vós?", indaga a esses seres "tão esvaídos, tão estranhos", que o interrompem na primeira vez que entra em cena e o interpelam no meio do caminho, quando se materializam em plena tempestade, no campo revolvido pela batalha; "mesmo pisando o chão não se parecem/ Com nativos da terra" (51, 43-5):

> *Dizei, onde*
> *Colhestes essa estranha noção? Por que viestes*
> *Nos interpelar aqui, neste ermo violado,*
> *Com saudações proféticas?* (78-9)

O quê? Onde? *Por quê?* ("Por quê?" é a pergunta a que nenhuma tragédia responde; de fato, é a falta de resposta que nos confirma que estamos mesmo numa tragédia.) No teatro, e no texto, já sabemos mais que Macbeth a essa altura. Sabemos que ele está honrando um compromisso naquele descampado, embora ele mesmo não o saiba. Sabemos que, fora da zona de perigo da batalha, e voltando à segurança do lar, esse guerreiro, interrompido em seu caminho por um encontro fortuito com desconhecidas, receberá uma "sugestão" (141) que mudará sua vida. Porque sabemos que Macbeth conversa com bruxas — e é o fato concreto de serem essas bruxas, "profetas imperfeitas", o evento inaugural da peça, que faz toda a diferença para o futuro que elas predizem.

TEXTOS HISTÓRICOS / TEXTOS TEATRAIS

Shakespeare encontrou Macbeth, Duncan e as irmãs fatídicas no segundo volume das *Crônicas* (1587) de Raphael Holinshed. Na verdade, o volume II ofereceu a ele *dois* registros da antiga história — ou lenda? — da Escócia, para servir de matéria-prima. Na primeira versão, Donwald, o "capitão do castelo" do rei Duff, implora pela vida dos seus homens que foram condenados por traição. O crime deles foi uma ofensa capital, mas eles haviam sido enganados, "persuadidos" pelo "conselho fraudulento de muitas pessoas perversas": não passavam de fantoches nas mãos de bruxas. É por isso que, quando Duff nega o perdão, Donwald se sente ultrajado. Com a má intenção a lhe "ferver no estômago", ele cede aos argumentos da mulher quando ela explica de que maneira poderiam "cortar secretamente" a garganta de Duff "enquanto dormia, sem nem precisar se desdobrar".

A segunda história, posterior e mais completa, se passa no reinado do rei Duncan, um homem "tão brando e gentil por natureza", tão "negligente" na "punição dos infratores" que "muitas pessoas desorientadas" aproveitam "a ocasião para perturbar a paz e o sossego da comunidade" por meio de uma "agitação sediciosa". Então, Macdowald logo se rebela contra o "fracalhão", recrutando na Irlanda "um grande número de soldados gaélicos [Kerns] e mercenários [Gallowglasses]" que lutam "na esperança de obter o espólio". Em seguida, o rei da Noruega, Sueno, invade a Escócia. Depois dele, uma frota dinamarquesa ataca. Em todas essas lutas, nada intimida o "valente Macbeth": ele é tão bravo quanto é afável seu primo-rei (de quem ele seria o sucessor ao trono). Macbeth traz a cabeça de Macdowald para Duncan numa estaca; dizima o exército de Sueno numa emboscada, enquanto eles dormem; afugenta os dinamarqueses até que eles voltem à costa; e, por fim, dirige-se a Forres com Banquo. Mas então "uma estranha e inculta maravilha" os detém: "três mulheres em trajes estranhos e selvagens, parecendo criaturas do mundo primevo". "Todas saúdam" Macbeth, "*thane* de Glamis", "*thane* de Cawdor", "que serás rei da Escócia de agora em diante". Desafiadas por Banquo, "prometem-lhe benefícios maiores": não reinar "de fato", mas ser pai daqueles que reinarão. E desaparecem. Macbeth e Banquo riem da "ilusão fantástica", da "brincadeira". Porém, "mais tarde a opinião comum passou a ser de que essas mulheres eram as irmãs fatídicas, isto é (como se diria), as deusas do destino, ou então ninfas ou fadas dotadas de conhecimento profético, conhecedoras da necromancia, porque tudo aconteceu exatamente como falaram".

No entanto, é só algum tempo depois que Macbeth toma a iniciativa de "usurpar o reino pela força". Lembra-se das "palavras das três irmãs" e, o que é ainda mais importante, dá ouvidos à esposa. Ela "insistiu com ele para que tentasse", porque tinha um "desejo insaciável de ser chamada de rainha". Em Holinshed, Macbeth trava "uma luta de iguais" contra Duncan, em que o assassinato não é cometido em segredo, com o rei adormecido. Recorrendo à ajuda de "amigos de confiança" — o principal deles sendo Banquo —, Macbeth mata Duncan em duelo, para então reinar como um governante exemplar durante a década seguinte.

Mas esse rei exemplar é, na realidade, "uma falsificação", que vive constantemente com "medo", atormentado pelas previsões das bruxas. O "espinho na consciência", finalmente, traz à luz do dia o verdadeiro Macbeth. Banquo é emboscado; Fleance foge; vem, na esteira, uma sequência de assassinatos aleatórios; toda a Escócia suspeita e teme, enquanto Macbeth fica cada vez mais inconsequente em suas ações atrozes, seguro de que é imune a todo golpe até que o bosque Birnam escale o cume de Dunsinane — ou até encontrar alguém que não "nasceu de mulher". Macduff viaja para a Inglaterra para erguer a resistência. Macbeth envia soldados a Fife para massacrar a família de Macduff. Mas o exército de Malcolm é mobilizado. Macbeth bate em retirada. O bosque Birnam avança. O tirano enfrenta o seu último inimigo e ri dele, fiando-se na garantia das bruxas — então ouve Macduff responder: "Este sou eu", não "nascido de minha mãe, mas arrancado do seu ventre". O resto da história de Macbeth é contado em cinco frases. Sua cabeça é exposta numa estaca, como ele fizera antes com a de Macdowald. E a *Crônica* é concluída de forma enxuta: Macbeth "realizou muitos atos meritórios", mas, "por ilusão do demônio" — a primeira menção *a ele* nessa história —, "difamou" seu reinado "com a mais terrível crueldade". Foi "morto no ano do Senhor de 1057, e no décimo sexto ano do reinado do rei Eduardo sobre os ingleses".

Lendo Holinshed, é quase como se víssemos a mente de Shakespeare percorrendo a *Crônica* como um ímã passando sobre limalhas de ferro — imagens, relações, observações casuais que se prendem à memória. Enquanto trabalha com esse "texto histórico", o dramaturgo amplia o tempo e condensa a narrativa, e encontra temores em abundância, a partir dos quais estabelece um universo moral em que a divisa entre o "Bem" e o "Mal" segue um traçado nítido. Todas as grandes ideias para a peça já estão lá. O que constitui o "bom" governante? Quais são as "virtudes todas que convêm a um rei" (IV.3.92)? (A matéria-prima que Shakespeare trabalha no ato IV, cena 3, a cena da Inglaterra, é totalmente emprestada de Holinshed.) Até que ponto o homem traído é responsável por engendrar seu traidor? Quais são os usos — e os limites — da violência numa cultura em que a "boa lei" ainda não purgou "o nobre Estado" (III.4.83)? Que poder têm os "engenhos das trevas" (I.3.131) sobre a vida humana? Deverão os homens dar ouvidos às esposas — ou às bruxas? De que forma a Escócia — com seus irlandeses rebeldes, seus guerreiros sanguinários, suas tribos rivais, suas "irmãs fatídicas", sua paisagem devastada e desolada — serve para se pensar a *Inglaterra*?

Não temos uma data precisa para a redação original ou para a primeira encenação de *Macbeth*, mas Shakespeare tinha bons motivos para querer produzir uma "peça escocesa" em 1605 ou 1606. O rei James Stuart, um escocês, o sexto dessa linhagem a reinar na Escócia, de uma dinastia que remontava a Banquo, herdou o trono inglês quando Elizabeth, a última rainha da família Tudor, morreu em 1603. Uma das primeiras medidas de James foi se tornar patrono da companhia de Shakespeare, cujos membros deixaram de ser Lord Chamberlain's Men (Os Homens do Lorde Chamberlain) e passaram a ser The King's Men (Os Homens do Rei). *Macbeth* pode ter sido a resposta de Shakespeare às novas circunstâncias; a peça decerto abordava temas cativantes para o monarca.

James era um entusiasta da teoria política. Em 1598, doente e temendo por sua vida, escreveu um testamento político, o *Basilicon Doron* [O presente real], um manual passo a passo para ser rei, dedicado a seu filho Henry, então com quatro anos. Dividido em três capítulos, o livro expunha os deveres do rei perante Deus, perante seu cargo e consigo, e oferecia instruções para os mais diversos assuntos, desde a manutenção da justiça, a seleção de conselheiros e de bons livros até a gestão dos eclesiásticos, da economia, do casamento, os cuidados com o cabelo e os bons modos à mesa. O *Basilicon Doron* circulou amplamente na Inglaterra a partir de 1603, e os ingleses o leram como uma espécie de chave para decodificar aquela somatória de fatores desconhecidos (e estrangeiros) que compunham o novo rei. É possível que Shakespeare tenha lido em James sobre a diferença entre o bom monarca e o tirano: "O primeiro se entende a serviço do povo, tendo recebido de Deus o fardo de governar, pelo qual deve ser responsável; o segundo pensa que o povo está a serviço dele, uma presa para seu apetite". Talvez tenha se demorado nas observações de James quanto à consciência pesada, a "consciência cauterizada" que se torna "insensível ao pecado, de tanto dormir na segurança e no descuido".

Ao estabelecer uma teoria para a estabilidade política, James revelou ter experiência de sobra acerca da situação contrária — algo que Shakespeare explora em *Macbeth*. A traição era a maneira-padrão de regular a política na Escócia, e James, que chegou ao trono escocês ainda bebê, havia sobrevivido a várias conspirações, a mais recente sendo a Conspiração de Gowrie, em agosto de 1600. Seu pai fora assassinado e, em 1587, ele assistiu de camarote à execução de sua mãe, Mary, pela rainha Elizabeth, por conspiração de golpe: assim como Macbeth, Mary era prima da rainha e próxima na linha sucessória do reino a que almejava; mas Elizabeth, ao contrário de Duncan, não era nenhuma "fracalhona". Em 1605, James foi alvo de terroristas mais uma vez: os londrinos estavam afoitos com a recém-descoberta Conspiração da Pólvora, uma tentativa de golpe que ocorrera bem no coração de Londres, uma conspiração pró-católica liderada por Guy Fawkes que pretendia explodir o Parlamento e o rei quando ele chegasse para a cerimônia de abertura no dia 5 de novembro. Em março, o povo acompanhou a acusação e o julgamento dos golpistas (o que o rei também fez, participando ele próprio das audiências, sob disfarce). Entre os conspiradores estava o jesuíta Henry Garnet, que, em sua defesa, notoriamente adotou a doutrina do "equívoco", que lhe permitia mentir sob juramento sem, com isso, pesar a própria consciência — o que não o impediu de ser, afinal, executado. (Sua doutrina é expressa em *Macbeth*, quando o equivocado porteiro de Shakespeare faz um *stand-up* diante do equivoquista propriamente dito de Macbeth.)

James também se interessava por bruxaria. *Demonologia* (1597) foi sua réplica à *Descoberta da bruxaria* (1584), de Reginald Scot, livro muito lido e bastante cético, no qual Scot "descobriu" que a bruxaria era uma fraude e que aqueles que acusavam as mulheres de serem bruxas não passavam de gente maliciosa. O tratado sensacionalista de James foi um contra-ataque, descrevendo um cenário de "terrível abundância, neste momento, neste país, dessas detestáveis escravas do demônio, as bruxas". Para James, em 1597, a bruxaria era um fato — um fato real e presente. Alguns anos antes, ele próprio havia examinado Agnes Sampson, cujo registro de julgamento por bruxaria circulara na Inglaterra num panfleto intitulado *Notícias da Escócia* (1591) — um panfleto que, supostamente, Shakespeare teria lido. Entre os atores desse drama jurídico estavam David Seaton, um tal de "Geillis Duncane" e alguém identificado apenas como a esposa do porteiro de Seaton — não por acaso, nomes que aparecem mais tarde em *Macbeth*. Quando James fez pouco-caso de certas confissões "milagrosas e estranhas" de Sampson, tachando-as de mentiras "extremas", ela o chamou de lado e "declarou a ele as mesmas palavras que foram ditas" entre ele "e sua rainha em Oslo, na Noruega, em sua noite de núpcias", palavras, disse o rei, "que nem todos os demônios do inferno poderiam ter adivinhado". Em 1603, ele mandou reimprimir sua *Demonologia* em Londres e promoveu a reintegração no Parlamento (numa versão ainda mais rígida) do estatuto contra a bruxaria — que ele jamais revogou, embora tivesse, com o passar dos anos, se tornado mais cético em relação ao tema, e houvesse dedicado mais tempo a expor a falsidade das acusações e a anular as condenações do que de fato a revelar quais mulheres eram bruxas.

Havia ainda mais um aspecto "cativante" para o rei James em *Macbeth*. Assim como o *thane* de Fife de Shakespeare, James "tinha uma esposa" (V.I.41), Ana da Dinamarca, mulher de grande inteligência política, cuja simples presença alterou a dinâmica de poder da monarquia. Pela primeira vez desde a ascensão de Elizabeth I, em 1558, a rainha da Inglaterra não era uma soberana, mas uma consorte, não a voz do poder encarnada, mas a voz que incitava o poder; não era virgem, mas uma procriadora abundante: entre o nascimento de seu primeiro filho, o príncipe Henry, em 1594, e 1606, ela teve oito gestações; apenas três de seus filhos sobreviveram à infância. Ana era uma mãe feroz, paradoxal, fatal, alguém que, muito possivelmente, teria "esmagado os miolos" de seu filho, como na ameaça feita por Lady Macbeth, só para provar que tinha razão (1.7.59). De fato, o que ela fez não foi menos estarrecedor. Era comum na Escócia que os bebês reais fossem retirados de suas mães e postos sob os cuidados de guardiões oficiais, uma prática que, para a dinamarquesa Ana, era apavorante e totalmente antinatural. Arrasada pela dor de estar afastada à força de seu filho Henry e determinada a recuperar sua custódia, ela primeiro apelou ao marido, mas James se ateve aos costumes. Ana, então, foi até a residência onde Henry estava, parou no meio do pátio cinza e se golpeou no ventre até abortar a criança que gestava. James mudou de ideia, e Henry foi devolvido. Mas a rainha "rebelde" continuava dando sinais de que não ia se conformar. Na Noite de Reis de 1605, em Londres, ela fez escândalo na corte inglesa quando apareceu com suas damas de companhia, todas com o rosto pintado de preto para interpretar as filhas de Níger na primeira grande mascarada do novo reinado, idealizada pela própria Ana, *The Masque of Blackness* [A máscara da negritude] (do dramaturgo Ben Jonson). *Otelo*, de Shakespeare, havia sido encenado na corte dois meses antes (será que o Mouro servira de ensejo para as filhas de Níger?), e talvez a rainha de rosto negro tenha lhe voltado à mente quando, um pouco mais tarde, Shakespeare escreveu um papel deslumbrante para uma rainha negra do Egito, a "implicante" Cleópatra. Esse circuito de memórias teatrais sugere, no mínimo, que não era só James quem estava implicado na "peça escocesa" de Shakespeare — Ana também estava. Ninguém ali esquecera que sua estreia na história da Escócia fora marcada pela bruxaria: ela era a jovem noiva escoltada por uma flotilha que naufragara a caminho do casamento, devido a uma tempestade supostamente provocada por bruxas no mar do Norte, quando se aproximavam da Escócia, em 1589.

Menciono essas histórias não para que se leia *Macbeth* como uma peça de ocasião, mas para lembrar que as peças de Shakespeare estão sempre saturadas do seu momento presente e dialogam com os eventos do dia, independentemente de onde a ação é ambientada: a Escócia do século XI "conhece" a Londres do rei James. E essa primeira compreensão da duplicidade do tempo se mantém: quando olhamos para qualquer peça de Shakespeare hoje, ela parece ter uma vida dupla. Pertence ao passado, ao começo da modernidade, mas também aos dias de hoje, na pós-modernidade. Toda montagem de Shakespeare é, ao mesmo tempo, uma reencenação e uma estreia. Outra maneira de encarar a questão é pensar que cada peça de Shakespeare é um conjunto feito de dois textos paralelos. Um deles é um objeto, o outro, um organismo. O objeto é o texto da peça, cuja primeira versão serviu de manuscrito para a trupe, e que era chamado de "livro". É ele que contém as palavras que compõem a peça, palavras que se originaram no começo da modernidade inglesa e que nos foram transmitidas nas diversas cópias impressas — quartos e fólios — compiladas pelos editores nas edições atuais. Por ser um objeto, podemos examinar e admirar esse tipo de texto fundamental como um artefato, quase como um vaso etrusco. Mas, no caso de um texto teatral, o "livro" também serve de roteiro, e a particularidade de todo roteiro é ser um texto radicalmente incompleto. Ele contém instruções para algo que jamais pode ser escrito, a performance — ou seja, a ação, a caracterização, os gestos, os efeitos especiais, os figurinos, o som —, aquilo que transforma as palavras em *peça* e que é composto não só da representação "original" de *Macbeth*, mas de todas as encenações ao longo da história, que transformaram o texto através de sua vida posterior ao longo desses quatrocentos anos de teatro. Podemos chamar esse segundo texto, esse que não é registrado, mas é vivo e *vivenciado*, de "texto da performance", para diferenciá-lo do texto muito mais fixo, por comparação, o "texto da peça". Na performance, *Macbeth* vai muito além das palavras impressas, qualquer que seja a edição da peça. Tomemos, por exemplo, a palavra "Macbeth". O simples fato de um ator e não outro ser selecionado para o papel principal — Ian Mc-

Kellen ou Antony Sher ou Jon Finch ou James Frain — muda *Macbeth*. Um Macbeth de gibão e meia-calça, de couro preto, de uniforme militar ou calça jeans muda a maneira como os espectadores entendem o personagem e o mundo que ele habita. O mesmo vale para quando a peça é ambientada num castelo medieval ou num conjunto residencial num centro urbano. Se o texto da peça é relativamente fixo, sua performance permanece totalmente em aberto, capaz de acolher um sem-número de interpretações, o que significa que *Macbeth* vem acumulando camadas de sentido desde sua primeira apresentação, renovadas toda vez que a peça se entrega a novos atores e novos públicos em novos teatros, a cada nova geração.

E, na realidade, o texto mais antigo que temos de *Macbeth*, a versão impressa no primeiro fólio, de 1623, mostra esse processo orgânico já em ação: os traços de performances subsequentes estão de fato inscritos em sua superfície textual e revelam outras mãos trabalhando na peça, que não as de Shakespeare. Isso significa que há coisas impressas nesse texto que Shakespeare não escreveu: todo o ato II, cena 5 (a cena de Hécate) e, no ato IV, a cena 1, linhas 41-5 e 131-9 (o retorno de Hécate com um coro de bruxas dançando e cantando). O diretor Harley Granville Barker, no começo do século XX, chamou esse material de "a mais pura besteira" — sabendo que aquilo não podia ser Shakespeare, porque Shakespeare, segundo ele, "não estava com paciência para besteira quando escreveu *Macbeth*". As interpolações são provavelmente obra de Thomas Middleton,[5] cuja prova é a rubrica de "canção" para cada uma dessas adições, assim como "E vamos embora, ora, ora, ora!", em III.5.38, e "*Espíritos sinistros etc.*", em IV.1, na rubrica. São esses os versos de abertura de canções que constam na íntegra em *A bruxa*, peça de Middleton que, como *Macbeth*, foi propriedade da The King's Men e encenada por eles. Mas por que as canções de Middleton acabaram registradas no meio de *Macbeth*, e quando isso se deu? Simon Forman, o astrólogo picareta, assistiu a *Macbeth* em abril de 1611, no The Globe, e deixou um relato de primeira mão —

bastante razoável como resumo para quem assistiu à peça de primeira, ainda que ele tenha se deixado contaminar por leituras prévias, chamando as irmãs fatídicas de "fadas ou ninfas", como consta em Holinshed. O que marcou a memória de Forman foram os sustos e choques: os "salves" e presságios que acompanham o assassinato, o fantasma, o banquete revirado, o sonambulismo e "o sangue nas mãos [de Macbeth] que não podia ser lavado de forma alguma". Mas Forman não faz menção a Hécate — nem a suas superproduções. Será que o silêncio é sinal de que a personagem não fazia parte do elenco em 1611? Então quando foi que ela chegou?

Seria mais fácil responder a essa pergunta se fosse possível datar *A bruxa* de Middleton. E isso, nós não podemos — mas sabemos que a peça aludia ao mais notório escândalo que já atravessou aquela corte, o divórcio de Howard e Devereux, em 1613. Ela, Frances Howard, a Lady de Essex, queria o divórcio para poder se casar com Robert Carr, o protegido do rei. Ele, Robert Devereux, o infeliz conde de Essex, estava inclinado a deixá-la ir, mas recuou quando descobriu que ela havia se consultado com uma "sábia" — uma bruxa — para "afastar seu senhor". À medida que o caso se arrastava e o rei se impacientava com a falta de desfecho, com todos os bispos querendo opinar e atrapalhar o andamento do caso, o conde de Essex acabou consentindo, mas se recusou a admitir o único motivo admissível para a anulação (que seria totalmente falso): a "insuficiência" sexual, porque isso o impediria de se casar novamente, o que o deixaria sem filhos e faria com que seu condado ficasse sem um herdeiro. Seus advogados optaram pelo equívoco: ele "confessaria sua insuficiência" em relação a Frances, mas insistindo que ele era "*maleficiatus* apenas *ad illam*", ou seja, impotente por bruxaria, e apenas em relação a ela.

É esse o cenário farsesco, do boato mais quente da primavera de Londres em 1613, que Middleton roteirizou em parte da trama de *A bruxa*, quando Antônio, o marido, é impotente com a esposa, mas não demonstra "insuficiência" na cama com sua amante, uma prostituta; e Hécate e sua trupe aparecem como mercadoras sério-cômicas de feitiços e simpatias, responsáveis por sua indisposição conjugal. Elas são incrivelmente assustadoras e traficam carcaças de bebês bastardos, mas, ainda assim, não deixam de cantar e dançar num Sabá operístico, com direito a jograis e um gato voador.

O casal de Essex se divorciou em outubro de 1613; no Natal daquele mesmo ano, Frances se casou, como se fosse pela primeira vez, "*in her hair*" [com seu cabelo] — isto é, virgem —, com Carr, recém-declarado *earl* de Somerset. Segundo consta, o rei ofereceu 10 mil libras em joias à noiva, e Thomas Middleton escreveu uma mascarada de casamento para a ocasião. No entanto, dezoito meses mais tarde, esse casal glorioso ruiu. Começaram a circular boatos quanto à morte de Sir Thomas Overbury, o secretário de Somerset que fizera grande oposição ao divórcio e que, convenientemente, morreu poucos dias antes de o caso ser aprovado: uma morte horrível, que na época diziam ter sido provocada por sífilis. Agora, o rumor era de que ele havia sido envenenado. O casal foi preso pelo assassinato de Overbury em outubro de 1615, indiciado em abril do ano seguinte, e ambos chegaram ao julgamento totalmente implicados por seus comparsas de baixo escalão que já tinham ido para a forca. Anne Turner, criada e íntima de Frances (seus indelicados contemporâneos se referiam a Frances como bruxa, e a Anne, como "diabrete"), confessou que, anos antes, elas haviam consultado Simon Forman sobre a anulação do casamento e se valeram de feitiços e efígies de cera para consegui-la. (Forman não pôde ser convocado; ele morrera em 1612.) "Quanto à bruxaria, sem mais", comentou o promotor. "Agora vamos ao envenenamento." Turner e Frances confessaram, mas Carr alegou ser inocente. Todos foram condenados, mas só Turner foi executada. O casal maculado passou os seis anos seguintes preso na Torre de Londres.

O que isso tem a ver com *Macbeth*? *A bruxa*, de Middleton, foi escrita e encenada como sátira nos meses que se seguiram ao divórcio e ao escândalo sexual, enquanto "*maleficiatus ad illam*" era ainda uma piada sacana, e todos no teatro sabiam quem eram o marido abobado, a encantadora "Francisca" e o escocês engraçado; depois do julgamento, a coisa mudou de figura. A bruxaria já não tinha mais graça, tampouco o assassinato. Com isso, quero sugerir que *A bruxa* foi tirada do repertório teatral porque os novos eventos tornaram seu humor perigoso. Mas a The King's Men tinha outra peça com bruxaria no estoque, mais sintonizada com o medo e a imaginação perturbada daquele momento, e que serviria bem para lucrar em cima do interesse popular maciço pelas bruxas. Pode ser que, conforme o julgamento de Frances Howard se desenrolava, e ela era posta de forma mais lúgubre no papel de esposa "demoníaca" e, nas baladas, caracterizada como "puta, bruxa, viúva, noiva", enquanto Carr era tido como simplesmente um homem enganado — "Se ele não tivesse encontrado uma mulher dessas, poderia ter sido um homem" —, a companhia de Shakespeare tenha recuperado *Macbeth*. Se, com isso, ajustaram a tragédia, que a essa altura já tinha dez anos, aos eventos contemporâneos, importando de Middleton cenas que desencadeariam uma série de referências cruzadas e poriam em cena a comédia que faltava, também aproveitaram para estendê-la justamente nos momentos em que os espectadores, ávidos por sensação, pediam por mais, usando aquele material de bruxaria que, realocado, tingia então os espetáculos de Middleton de um tom mais escuro, sobrescrevendo-os com um novo poder de perturbação. A essa altura, fim de abril de 1616, Shakespeare estava morto; qualquer acréscimo à peça precisaria ser feito por outra pessoa.

Como vejo, o fólio de *Macbeth*, marcado por esse "outro autor", não é uma "corrupção", tampouco um "problema"; ao contrário, é uma oportunidade à nossa espera. O texto exibe um roteiro de trabalho, com traços de como sua vida continua nos palcos, quando o "livro" pertencia aos atores que faziam sua manutenção, atualizando-o, da mesma maneira como faziam, por exemplo, com o *Doutor Fausto* de

Christopher Marlowe ou a *Tragédia espanhola* de Thomas Kyd. Numa época em que a maioria das peças caía do repertório em questão de semanas, essas duas tragédias do final da década de 1580, que ainda agradavam ao público, continuaram sendo encenadas na década seguinte, ou até duas décadas depois. Ao recuperá-las, os atores encomendavam revisões: em 1602, William Bird e Samuel Rowley reescreveram a trama cômica paralela de *Fausto*, atualizando as piadas; em 1601, Ben Jonson acrescentou o material que elaborara para as cenas de loucura de Kyd. Assim como esses acréscimos, as interpolações de Middleton em *Macbeth* podem ser lidas como um verniz contemporâneo por cima da peça, especialmente a piada de mau gosto que Hécate divide com suas comparsas, "A confiança é o maior mal/ Que pode acossar um mortal" (III.5.34-5). Ainda mais relevante é o fato de que os acréscimos de Middleton determinaram a sobrevida da peça no teatro. No período da Restauração [1660-88], quando William Davenant ressuscitou *Macbeth*, foi a versão de Middleton que ele adaptou para o espetáculo de ópera que Samuel Pepys, em 1667, avaliaria como "uma das melhores peças que já vi... pela variedade de danças e canções" — um espetáculo que o teatro de hoje, sem dúvida, chamaria de *Macbeth: O musical*. As bruxas de Davenant não apenas cantavam e dançavam; elas voavam — e, o que é ainda mais inacreditável, sobreviveram. O *Macbeth* de Middleton, recuperado por Davenant, se tornou a versão-padrão da peça nos palcos até a década de 1850. Com o passar dos anos, a equipe de Hécate cresceu e se transformou num grande *corps de ballet mauvais* com cinquenta pessoas, que, como o nome sugere, fazia uma dança feia, um baile macabro. É fato que as apresentações posteriores de *Macbeth* foram ficando cada vez mais tomadas pelo fascínio com os "engenhos das trevas" (I.3.131) — um fascínio sobre o qual vale a pena refletir.

PRIMEIRO / PRIMOGÊNITO

Holinshed começa a história de Macbeth em sua *Crônica* pela genealogia. Shakespeare começa pela bruxaria.

Shakespeare começa, por assim dizer, com a encrenca:

Trovões e relâmpagos. Entram três bruxas.

1ª BRUXA *Quando será nosso próximo encontro?*
No raio, na borrasca ou no ribombo?
2ª BRUXA *Quando a balbúrdia for concluída,*
E a briga, vencida e perdida.
3ª BRUXA *Então antes do último lampejo!*
1ª BRUXA *E qual é o lugar?*
2ª BRUXA *Lá mesmo no brejo.*
3ª BRUXA *Macbeth lá estará — eu já prevejo!*
1ª BRUXA *Estás me chamando, Grisalin?*
2ª BRUXA *Sapo-coaxo, já vou lá.*
3ª BRUXA *Até mais!*
TODAS *O reto é torto e o torto é reto,*
Revoa pela bruma e pelo ar infecto.

Saem.

E então somem.

O texto aparece assim no fólio, e aqui reproduzo a evidência textual mais antiga que temos das instruções (ou da falta delas) do dramaturgo para a encenação; essa cena de abertura demonstra a prática habitual de Shakespeare de sempre usar as primeiras cenas para estabelecer suas imagens como minas, prontas para ser detonadas ao longo da peça. Ele estabelece certo ritmo acústico, certa prosódia, e um vocabulário para a peça, mas também sua retórica, seu *jeito* de falar. E introduz um campo visual, um aparato material a ser empregado na encenação e nela habitar. Em *Macbeth*, tudo isso está comprimido em dez linhas, numa cena que é um relâmpago que corta o céu e desaparece antes de os espectadores terem tempo para algo além de um "susto", como em seguida será a reação de Macbeth. Essa cena induz à estranheza que antecipa o primeiro encontro de Macbeth com uma "estranha noção" (1.3.79). Ela primeiro faz com a plateia o que mais tarde fará com o personagem. A cena nos oferece um estudo de caso preliminar a respeito da dúvida.

Tudo nessa pequena cena dificulta a interpretação. Ela soa estranha. A "acústica-padrão" do teatro shakespeariano é o pentâmetro iâmbico — tuTUM, tuTUM, tuTUM, tuTUM, tuTUM, — como na primeira fala de Macbeth, em inglês, "*So foul and fair a day I have not seen*" [Nunca vi um dia tão feio e tão afável] (1.3.41). Em comparação, "*When shall we three meet again?/ In thunder, lightning, or in rain?*" [Quando será nosso próximo encontro?/ No raio, na borrasca ou no ribombo?] é um verso repicado, com a batida invertida — TUMtum, TUMtum, TUMtum, TUMtum, TUMtum — como numa arritmia cardíaca ou no som que surge quando o tubarão se aproxima no clássico de Spielberg, e que nos provoca uma taquicardia imediata. Há algo de bizarro na estrutura das rimas: *again/ rain* [próximo/ ribombo], *done/ won* [concluída/ vencida]. É como se as perguntas feitas ("Quando?", "Onde?") não estivessem em aberto, mas, sim, encerradas, presas a respostas predestinadas, sendo a rima uma espécie de voz profética, *won/ sun* [vencida/ lampejo], *heath/ Macbeth* [brejo/ Macbeth]. Além disso, existe a retórica da cena. A peça abre com uma pergunta: "*Quando* será nosso próximo encontro?", e as três cenas seguintes também: "Que homem é este em carne viva?", "Irmã, onde é que estavas?", "Já executaram Cawdor?". Essas perguntas provocam uma sensação incômoda de um mundo teatral que duvida de si mesmo, em busca de perguntas a que ele mesmo dificilmente responde, mas que, ao mesmo tempo, e paradoxalmente, é nesse mundo teatral que o futuro já está selado, e toda resposta é conhecida. Quase todas as linhas dessa abertura contêm uma pergunta acrescida de outra, de um paradoxo ou uma antítese, uma ambiguidade ou um duplo sentido: "E a briga, vencida e perdida", "O reto é torto e o torto é reto". Essa é a retórica do equívoco, do discurso duplo, e acaba sendo o idioma característico da peça. Como L. C. Knights observou de forma memorável a respeito de falas como essas, com seu "ritmo de gangorra doentia" ("Mau não pode ser, nem pode ser bom", 1.3.138), a retórica de *Macbeth* sugere "o tipo de pingue-pongue metafísico que está prestes a ser jogado entre o bem e o mal". A matemática moral que essas linhas propõem é aterrorizante. Se a briga está "vencida e perdida", isso significa que vencer e perder é, de alguma forma, a mesma coisa em *Macbeth*? E se "o reto é torto e o torto é reto", como diferenciá-los? Como reconhecer o que é condenação e o que é graça? Como saber para quem estamos olhando?

A cena de abertura se aflige, sobretudo, com esta última pergunta. (E ela vai seguir incomodando: Duncan, em 1.4.13-4, diz sobre o sujeito que ele nunca imaginou que o trairia: "Ele era um cavalheiro por quem erigi/ Total confiança". Acontece que é impossível saber. Pois "Não há arte/ Pra encontrar num semblante o arcabouço da alma".) Usando toda a nossa "arte" no ato 1, cena 1, como julgar "*we three*", as três irmãs? Mais tarde, Banquo as descreverá como seres de antíteses e paradoxos: "Estais vivos", "Ah, talvez sejais mulheres/ Mas..." (1.3.45, 48-9). Ele as chama de "fantasias" — ou seja, criações fantasmagóricas de sua imaginação (56). No entanto, elas mostram uma "face externa", são corpóreas (56-7). Mas então elas "*esvanecem*", como bolhas na água ou "sopro entremeado ao vento" (80, 85). No ato 1, cena 1, o texto não é de muita ajuda para decidir quem ou o que elas são. Não se chamam por nenhum nome. Os prefixos de fala do fólio se referem a "1.", "2.", "3.". É só nas indicações de cena que elas são "bruxas". E na peça toda só recebem esse nome uma única vez, e surpreendentemente, em 1.3.7, quando a "megera da bunda gorducha" parece saber exatamente a quem ela está recusando um pouco de nozes: "Cai fora, sua bruxa", grita ela. E talvez esteja certa. Porque a própria "bruxa" narra essa provocação e não a corrige. Naquela mesma cena, em seguida, as três se referem a si mesmas como "irmãs fatídicas", e é esse o nome que Macbeth usa quando as menciona na carta à sua mulher, em 1.5.8; e Banquo se lembra dele também quando confessa ter sonhado com elas no ato II, cena 1. Mas o que é uma "bruxa"? Ou uma "irmã fatídica"?

Na cena 1 do ato 1, não sabemos. (Vale lembrar: só escutamos a palavra "bruxa" nessa peça em 1.3.7.) E se o texto não diz, a encenação tampouco resolve a questão: os comentários aturdidos de Banquo no ato 1, cena 3, como vimos, só explicam quem elas são ao dizer que não pode decidir ao certo o que são. São enigmas encarnados (elas se mostram), mas incorpóreos (esvanecem) —, o que expõe o tamanho da confusão entre a matéria e o sobrenatural, que faz da agência das irmãs fatídicas na peça algo tão problemático. O que de fato *sabemos* no ato 1, cena 1, é que elas estão voltando do futuro, onde já identificaram um desfecho que leva o nome de "Macbeth". Quando refletirmos a esse respeito mais tarde, não saberemos citar nada que *preceda* as bruxas, que tenha acontecido *antes* de sua interferência — interferência ou contaminação. (Basta comparar com *Hamlet*, ou *Sonho de uma noite de verão*, peças que começam com cenas da vida rotineira — o serviço de sentinela, os preparativos para um casamento, uma briga de família —, anteriores aos encontros com fantasmas ou fadas, que viram de cabeça para baixo o teatro do mundo deles.)

Nisso, é instrutivo lembrarmos o rei James e seu manual de uso de bruxaria, *Demonologia*. Seu livro nos diz coisas que precisamos saber — coisas que, certamente, o Macbeth de Shakespeare precisaria saber — sobre os "engenhos das trevas". Para começo de conversa, as bruxas trabalham "com a permissão de Deus". Afinal, como haveria de ser diferente, se Deus é onipotente e onisciente nesse universo? E, no entanto, se pensarmos nas implicações disso *para o ser humano*, é surpreendente a ideia de que Deus *permita* que Satanás tenha liberdade de ação sobre Macbeth. Por outro lado (e isto, supostamente, é para servir de *alento*), "Deus não permitirá" que

Satanás "engane os seus: tão somente aqueles que primeiro se enganam por vontade própria". É esse, então, o caso de Macbeth? Alguém que se engana por vontade própria? Ou será que ele é uma vítima de Satanás — e isso é mais preocupante — porque nunca foi um "dos Seus", isto é, de Deus? Nunca foi um dos eleitos, um dos escolhidos para serem salvos, mas alguém cuja condenação sempre esteve no horizonte? Quanto à profecia e à questão do demônio e seus servos-espiões conhecerem ou não o futuro do homem, a *Demonologia* vacila. Só Deus é presciente. Mas como o diabo é sabido nos assuntos do mundo, ele pode avaliar o quão provável é que as coisas venham a acontecer com base naquilo que "já aconteceu antes". Portanto, as bruxas conhecem nosso futuro não porque sejam videntes, mas pelo que viram ao vigiar nosso passado. Elas nos observam. São "diabretes"! Não é de admirar, portanto, que, embora Macbeth não as conheça, as irmãs fatídicas o conhecem. De acordo com a *Demonologia*, o poder que as bruxas têm de fazer surgir aparições se relaciona ao papel de Satanás enquanto "pai da mentira". Satanás é o "símio de Deus", nada mais que um farsante que macaqueia, que cria simulacros grosseiros para as criações verdadeiras de Deus. Disso se conclui que seus agentes são "símios do símio", e suas aparições, portanto, falsas. Ainda assim, tais farsantes podem fazer travessuras, e estas, sim, parecem reais. Podem convocar tempestades, dizimar o gado, barrar o sexo, provocar insônias, singrar o mar numa nau furada: todas essas o panfleto *Notícias da Escócia* alegou serem ações de bruxas, e todas foram repetidas em *Macbeth*. Mas o poder disponível às bruxas é limitado, como mostra a história do Capitão do Tigre no ato 1, cena 3. Ele foi para Alepo, mas não está livre de perigos, afinal, como diz a primeira bruxa,

Mas vou singrar na nau furada
E feito rata desrabada
Vou roer, roer, roer. (11-3)

Ela promete dores infernais. Mas então "seu barco, embora não se perca,/ Vai ser carreado na tormenta" (27-8).

É paradoxal a instrução que recebemos do rei James, que torna as bruxas da *Demonologia* tão ambíguas quanto as de *Macbeth*: por um lado, são ridiculamente impotentes (no palco de Deus, Satanás nunca poderá assumir um papel maior que o de porteiro) e, por outro, terrivelmente poderosas (assim nos damos conta de que nosso papel, enquanto mortais, é sermos eternos tripulantes do Tigre). Mas será que podemos levar esse poder a sério? Navegar numa nau furada é um truque parecido com as peças que o Doutor Fausto pregava nos ilustres figurões, mas dificilmente é o tipo de crime contra a lei da natureza que fará da ordem um tumulto universal (ainda que, na iconografia, a nau furada ou a peneira sejam o emblema da castidade, e sua apropriação pelas bruxas seja monstruosa). Mas que tal repensar o poder das bruxas trocando o nome, usando outro em vez de "nau furada" ou "peneira" [*sieve*], sinônimo que o acompanha na confissão de bruxaria que tanto impressionou o rei James (e Shakespeare, que, ao que parece, também leu a cópia impressa de *Notícias da Escócia*)? Agnes Sampson disse ao rei que as bruxas "iam pelo mar, cada uma numa joeira" [*riddle* ou peneira].[6] Em inglês, as duas palavras designam o mesmo utensílio. As peneiras peneiram grãos finos; as joeiras servem para grãos maiores, como cascalho ou cinzas (ou, no Juízo Final, para as almas calejadas e as consciências calcificadas). Com seus buracos maiores, que a fariam afundar sem demora, a joeira é um recipiente ainda mais interessante que uma peneira. É claro que uma adivinha, *riddle*, também é outra coisa — um quebra-cabeça verbal que leva ao equívoco, um tipo de mágica realizada pelo discurso, ao mesmo tempo transparente e opaca, que pede uma interpretação urgente e a bloqueia. Uma adivinha que flutua é, portanto, uma adivinha pedindo resposta. Esse é exatamente o tipo de piada de que a peça gosta: o que diferencia as bruxas de Shakespeare das do rei James é um senso de humor obcecado por jogos de palavras.

Vamos aceitar então, em nome do humor, que as bruxas de Shakespeare valorizam o trocadilho e "viajam" com esse segundo tipo de adivinha. Talvez isso indique que o poder delas de provocar o caos é de fato essa habilidade de *criar* adivinhas. A tentação que elas oferecem, portanto, não é a do "aliciamento sobrenatural" nem das "saudações proféticas", mas sua fala "imperfeita" — isto é, incompleta. Elas falam por meio de adivinhas, charadas que Macbeth deverá completar — ou aperfeiçoar — ao preencher os espaços em branco deixados pelos termos duvidosos e incertos que elas usam. É isso o que ele faz quando primeiro responde a irmãs fatídicas e seus "salves". "Pela morte de Sinel", diz ele, "sei que sou *thane* de Glamis." Mas em seguida, perplexo, pergunta: "Mas agora, por que de Cawdor? O *thane* está vivo" (1.3.74-5). Ou seja, para os ouvidos de Macbeth, "Cawdor" é um enigma. Como, questiona ele, posso ser eu o *thane* de Cawdor, quando *outra pessoa o é*? A questão é que Macbeth fica estarrecido com a palavra errada. O trocadilho não está na palavra "Cawdor", mas na palavra "vivo". Pois, como Macbeth vai descobrir depois, quarenta versos adiante, no tipo de fraseado que a peça esbanja sem estremecer, ao transformar verbos em agentes duplos metafísicos, o *thane* de Cawdor está, ao mesmo tempo, vivo e — esta é a charada — morto: "Vive quem foi *thane*" (114). Quanta ameaça ressoa nesse novo sentido! Que o *thane* de Cawdor mereça "perder" a vida sobre a qual "paira uma sentença dura" (115-6), "vencida e perdida", uma ironia multiplicada pela ação no palco, porque, no mesmo instante em que Macbeth veste o título que ainda não está disponível, ele antecipa a tomada de Cawdor, como fará com o rei Duncan.

Quando uma palavra aparentemente simples e familiar como "vivo" se torna duvidosa, é hora de questionar o funcionamento de todo e qualquer enunciado. Em breve, em *Macbeth*, vamos observar uma migração desordenada da linguagem, com palavras que começam na boca das irmãs fatídicas e passam para a de outras pessoas. "O reto é torto" [*Fair is foul*] volta como fala de abertura de Macbeth:

"Nunca vi um dia tão feio e tão afável" [*So foul and fair a day I have not seen*] (I.3.41); "perdido e vencido" [*lost and won*] ecoa na fala de saída de Duncan: "Hoje o que ele perde, o nobre Macbeth careia" [*What he hath lost, noble Macbeth hath won*] (I.2.68). Veremos como palavras simples se transformam em adivinhas — a palavra que abre a peça, por exemplo. E como, dessas primeiras deixas em diante, *Macbeth* nunca se recupera.

"QUANDO?" "AGORA"

As irmãs fatídicas dizem a Macbeth que ele será rei. E elas o "dirigem" ao "tempo do porvir" (I.5.8-9). Mas não dizem quando esse tempo será. E o "quando" é a única coisa que importa.

A previsão delas viola o tempo, como, aliás, toda previsão de fato faz, ao colapsar a distância entre presente e futuro. O efeito dessa violação é que suas previsões sejam lançadas como adivinhas, que pedem uma resolução, e cuja energia liberada impulsiona Macbeth a agir de imediato. Torna-se mais forte do que ele. É algo inerente ao funcionamento da mente humana, como observa Teseu (em *Sonho de uma noite de verão*, outra peça que tenta racionalizar o irracional): os "caprichos" da imaginação atravessam direto do cérebro à mão: "para qualquer mostra de alegria", ela "logo uma causa inventa de alegria" (V.I.19-20). Não é de admirar, portanto, que, ao ouvir as previsões, a imaginação de Macbeth passe num instante do "rei" para o "assassinato". Aliás, não é de espantar que seu primeiro instinto seja o de parar o tempo: "Ficai", grita ele (I.3.73).

Assim como *Otelo*, uma peça emoldurada por fofocas, pelo diz que me diz — a primeira fala de *Otelo* é "Chega, nem fala"; a última palavra é "narrarei" —, *Macbeth* é emoldurada pelo tempo e pela marcação do tempo. "Quando?", pergunta a primeira bruxa logo de cara. "Agora", responde Angus, perto do fim (v.2.17). A peça agora fica suspensa entre essa pergunta e sua resposta, que finalmente chega com a declaração de Macduff: "Nosso [tempo] está livre" [*The time now is free*], e a promessa final de Malcolm, de que sua monarquia seria restaurada "na medida, no tempo e lugar" (v.9.21, 39). Nesse ínterim, a Escócia observa os relógios — observa ou escuta. "Uma, duas... Então está na hora de agir", sussurra Lady Macbeth, aprumando o ouvido para escutar os ecos fantasmagóricos dentro de sua cabeça (v.1.34-5). "E Harpia já grita: 'É hora, é hora'", berra a terceira irmã fatídica em IV.1.3. No ato II, cena 1, Banquo e Fleance estão nas ameias, examinando os céus vazios para saber "A quantas anda a noite?" — mas nenhum deles sabe dizer. A lua já baixou, as "chamas" das estrelas "já se apagam", mas ninguém ouviu o relógio (1, 5). No ato I, cena 5, Lady Macbeth se pergunta quanto à vinda inesperada do rei Duncan, "esta noite", e "Quando é que ele parte?", amanhã? "Ah, nunca/ Mais o sol há de vislumbrar esta manhã!" (62-4). No ato II, cena 3, as batidas urgentes soam no portão — é Macduff, a quem o rei ordenara "que o acordasse cedo", e ele diz "Quase perdi a hora". (De fato, chega tarde demais.) Ainda assim, o porteiro atrasa e ri, faz piadas sobre ficar "velho de tanto girar a chave" — e enrola para abrir a porta (II.3.47-8, 2).

Toda vez que um falante de inglês abre a boca, fala do tempo, porque, ao contrário do chinês, por exemplo, o inglês é uma língua cujos *tempos* verbais localizam nossas ações: presente, pretérito, futuro. Eles nos ajudam a pôr ordem no mundo. Quando ouvimos Macbeth reagindo às previsões das irmãs fatídicas, temos a sensação doentia de uma mente que perde a noção do tempo real, sucumbindo a "elucubrações terríveis". O solilóquio de I.3.135-50 é estruturado por marcações de tempo, mas os verbos deslizam e escorregam como se ele estivesse cambaleando no sonho de um bêbado: "Duas verdades foram ditas", começa ele, quase maravilhado com as previsões. Das três, duas já são realidade! Com que rapidez o futuro se torna passado! Esses "prólogos venturosos" dão o "penhor do sucesso [por vir]", porque começam "usando uma verdade": "Pois já sou [no presente] *thane* de Cawdor". Mas, em seguida, Macbeth é catapultado para um futuro de "lúgubre elucubração" e "fantasia... vãs conjecturas", que provocam efeitos reais em seu corpo, no *presente*: a "imagem" de um assassinato "por enquanto" não cometido "eriça os cabelos" e faz seu "coração espancar as costelas". Ele tenta manter o futuro distante: "Se a sorte quer [...] então a sorte [...] poderá" (152-3). E então — "Pois então o que deve vir, que venha agora" (156) —, para então o remeter ao passado: "Estava realmente absorto/ Mergulhado em coisas esquecidas" (159-60). E que coisas são essas? O final de seu discurso para Banquo relembra as "coisas esquecidas" *no futuro*:

> *Ponderem bem o que ocorreu; e com mais tempo,*
> *Com o arbítrio das horas, poderemos*
> *Falar e abrir nossos corações* [...].
> *Por ora é o que basta* [...]. (164-6, 8)

É importante ressaltar que, quando Macbeth reflete sobre o assassinato de Duncan, ele não está pensando em poder, política ou ambição, mas no tempo, agonizando por conta dos verbos, teorizando sobre a relação entre o "findo" [*do*] e o "feito" [*done*]:

> *Se ficasse feito, quando é feito, melhor*
> *Seria apressar o feito. Se o assassinato*
> *Ceifasse a consequência e pudesse alcançar*
> *Com seu cessar sucesso, só um simples golpe,*
> *E tudo feito e findo* [...]. (1.7.1-5)

Se um assassinato, argumenta ele, é concluído ao ser cometido, é melhor cometê-lo — e acabar de uma vez com a história. Mas talvez não seja bem assim. Talvez o "simples golpe" não deixe "tudo feito e findo"; talvez ele seja só o começo. Ao tentar fixar a relação entre o "quando" e o "findo", o presente e o futuro, Macbeth está, na verdade, buscando a relação entre o tempo e a eternidade, colocando essa "barranca/ Nesta riba do tempo [humano]" em oposição à "vida futura" (5-6), ou seja, a salvação e a condenação. É claro que há outras maneiras de imaginar a relação entre o "quando" e o "findo". Lady Macbeth, que não vê "consequência" para suas ações, imagina que "se foi feito, está feito" (III.2.14). (Ela, mais tarde, vai aprender o contrário.) Assim como as irmãs fatídicas, ela colapsa o tempo, querendo "num átimo agora" entrever "o futuro" (I.5.60-1). Para elas, no entanto, o futuro se desenrola no presente contínuo: "vou roer, roer, roer" (I.3.13).

O tempo acelera em *Macbeth*. O próprio Macbeth precisa de três solilóquios e duas conversas com a mulher para se convencer a assassinar Duncan. Já com Banquo, ele é muito mais ligeiro; e quanto ao massacre da família de Macduff, diz que "agora o pensamento/ Vai se armar de imediato do cetro da ação" e "Daqui doravante,/ Os primeiros atos do meu peito serão/ Atos de minha mão" (IV.I.155-6, 153-5). Incorporando a aceleração do tempo, as cenas se encurtam à medida que a peça avança. O tempo se estreita. E, paradoxalmente, ele para, ou repete a ação como um vídeo em loop. Dia e noite se misturam numa só escuridão sem brecha, Macbeth e Lady Macbeth cambaleiam num limbo de insônia em que o tempo é a lembrança nostálgica de um passado em que o mundo funcionava de acordo com as leis conhecidas. Nesse novo mundo delirante, o "findo" volta para "roer, roer, roer". Os mortos voltam à vida. O fantasma insistente de Banquo irrita Macbeth de maneira quase cômica, e Macbeth se lembra de como "houve tempo" em que

bastava
Decepar a cabeça, e o homem estava morto,
E tudo terminado. Mas hoje eles retornam,
[...]
E usurpam nosso assento. (III.4.85-6, 89)

Mas há espectros piores que fantasmas. Há memórias que assombram a mente. Tropeçando nos próprios pés ao sair do quarto ensanguentado, Macbeth troca uma série de perguntas com sua mulher, que formam uma visão de como duas mentes podem desmoronar:

> MACBETH *Fiz o que era pra ser feito,*
> *Ouviste algum ruído?*
> LADY *O pio da coruja*
> *E o cri-cri dos grilos. Disseste algo?*
> MACBETH *Quando?*
> LADY *Agora.*
> MACBETH *Quando desci?* (II.2.16-21)

Macbeth não consegue parar de relembrar seus passos: ele repete o evento, voltando aos momentos *anteriores* ao ocorrido, lembrando-se do camareiro que gargalhou enquanto dormia, e do outro que gritou, acordando ambos. Ele se lembra de ouvi-los rezando, dizendo "Amém", um "amém" que ficou travado em sua garganta quando então escutou aquela outra voz, que gritava "Não dormirás jamais/ Macbeth matou o sono" (38-9). Obsessivamente, Macbeth repete "sono" oito vezes no decorrer desses e dos sete versos seguintes [da versão original], à medida que a fita de sua memória se enrola em sua mente e sua histeria crescente provoca a de Lady Macbeth. Ela insiste para que ele pare de pensar: "Não tomes isso com tanta gravidade!"; "Já chega, não penses/ As coisas desse modo ou ficaremos loucos"; "As tuas forças nobres, por que/ Tu as debilitas, te entregando a essas visões/ Doentias?" (II.2.33, 37-8, 49-50). Mas o cérebro é um livro no qual os "esforços" são registrados para sempre, "cujas páginas" é possível ler "todos os dias" (I.3.162-3). E não há "ruibarbo, sena [...] droga purgativa" capaz de "apagar as angústias escritas no cérebro" (V.3.55, 42).

Os espectadores têm acesso a uma visão aterrorizante de uma dessas "mentes feridas" no ato V, cena I. O sonambulismo de Lady Macbeth é uma versão literal das terríveis metáforas que circulavam no texto desde o momento em que Macbeth "matou o sono" (II.2.39), e ela incorpora, por essa via, o passado que volta para agarrar o presente. Não há cena que se compare a essa em todo o teatro desse começo da modernidade, nem mesmo a loucura real e desesperada de Ofélia, que aponta o dedo para o "disfarce grotesco de bufão" da teatralidade adolescente de Hamlet. Lady Macbeth encarna, de fato, as metáforas que Macbeth só imagina. Seus "olhos estão abertos", "mas os sentidos estão fechados" (V.I.25-6) — olhos abertos e sentidos fechados, exatamente igual a Macbeth! E embora seu corpo esteja presente, sua mente está longe, capturada, sentindo o cheiro de sangue, obcecada pela "mácula", perplexa diante de sua profusão — "Quem teria pensado que o velho tinha tanto sangue dentro dele?" (38-9). Ela lava de novo e de novo a "mão tão pequenina", que "nem todos os bálsamos da Arábia conseguiriam perfumar" (48-50). Nada que ela possa fazer agora redimirá o futuro. De fato, todo o seu futuro pertence a essa única ação. Isso é viver condenada.

Registrando o verdadeiro horror com a falsa "descoberta" do corpo de Duncan, Macbeth declarou: "Tivesse eu morrido uma hora antes disso,/ E a bênção honraria meu tempo na terra" (II.3.93-4). E ele tinha razão. Pois "deixou de ser sério agora o que é mortal" (95). O tempo *depois* do assassinato não tem sentido. "Amanhã, amanhã, amanhã" produzirá apenas "ontens" para alumbrar "os tolos/ Na senda rumo ao pó" (V.5.20, 23-4). O homem não passa de "um pobre ator" (25), e sua vida não tem mais peso do que a passagem de tempo falsa que se desenrola num palco. É um conto "significando nada" (29). O aspecto mais sombrio de todo o niilismo de *Macbeth* é esse esvaziamento do que é o tempo para o ser humano.

Mas, a essa altura, o cronometrista já bateu no portão que foi aberto por aquele que se autodenomina "porteiro do capeta" (II.3.19), despertando a casa. E o "quando" inicial das irmãs fatídicas encaixa sua resposta atrasada no relato de Angus sobre o "agora" de Macbeth:

Agora está sentindo
Sua chacina secreta grudando nas mãos
Todo instante motins censuram sua perfídia;
[...]
[*Agora*] *ele sente que seu título,*
Essa veste de gigante, é larga demais
Para seu corpo de anão.
(V.2.18-9, 21-3)

Macbeth consegue matar um rei e matar o sono. Mas ele falha na tentativa mais ousada. Não consegue matar o tempo. Quando insistiu que as irmãs fatídicas lhe dissessem se os filhos de Banquo reinariam na Escócia, elas, em vez de contar, mostraram: uma linhagem de reis que parecia ir "ao fim dos tempos" (IV.1.123). O último segura um espelho, e o espelho multiplica a "visão horrenda" (128) em sua moldura. Será que essa multiplicação é a melhor piada que as irmãs têm para contar? Ou a mais cruel das adivinhas visíveis?

"EQUÍVOCOS... COMO VERDADE"

Como sabemos das coisas? Como pomos à prova uma "estranha noção"? Em *Otelo*, é exibida uma "prova ocular", o tipo de prova possível de obter quando Desdêmona entra e Otelo sabe, ao olhar para ela, que as fantasias pornográficas de Iago são falsas:

Ali vem ela: se ela é falsa,
Então os céus estão zombando de si mesmos.
Não posso acreditar. (III.3.274-6)

Em *Macbeth*, não se pode acreditar no conhecimento obtido pelo olhar (ele também falhará mais tarde em *Otelo*), pois, como Duncan sabe, "Não há arte/ Pra encontrar num semblante o arcabouço da alma" (I.4.12-3). O rosto do traidor é um disfarce para os "corações" (III.2.37); ele é alguém que pode fingir "ser uma flor singela,/ Que oculta uma serpente" (I.5.68-9); ou iludir "o tempo com bela aparência,/ O rosto falso [ocultando] a falsa consciência" (I.7.83-4). O jovem Malcolm, na Inglaterra, fugindo dos assassinos de Macbeth, já é um veterano nessa escola da hipocrisia. Ele se desculpa ao examinar o rosto de Macduff em busca de sinais que revelem alguma traição — mas ainda assim suspeita:

O que penso não pode mudar o que és.
Os anjos brilham sempre, a despeito da queda
Do anjo mais brilhante. Mesmo que toda a infâmia
Traga os traços da graça, a graça há de sempre
Parecer o que é. (IV.3.20-4)

E quanto aos presságios? O que eles significam? Veja, diz Banquo, examinando a revoada de pássaros acima das ameias enquanto o séquito real se aproxima do Castelo de Inverness,

Esse conviva do verão,
A andorinha hóspede dos templos, confirma,
Na sua amada morada, que o sopro do céu
Atrai com seu olor. Não há friso, pilastra,
Quina que essa ave não tenha transformado
Numa cama suspensa e num ninho fecundo:
Venho notando que onde elas moram e procriam
O ar é mais suave. (I.6.4-10)

Em seguida, seu olhar se volta para uma Lady Macbeth sorridente, que entra para cumprimentar o convidado real.

Se você fosse Hamlet, poria à prova as "noções estranhas" — "O espírito que vi/ Talvez seja um demônio.../

preciso de fatos...” —, montando uma peça para observar a reação dos espectadores e disso inferir uma conclusão para suas hipóteses: “Se ele estremecer”, o Fantasma estará certo, e Cláudio é um assassino, e “saberei meu caminho”. Mas, “Se acaso a culpa que ele oculta/ Não for desentranhada”, então Cláudio é inocente e aquela era uma “alma infernal”. Seja como for, Hamlet resolve o problema epistemológico: “A peça usarei/ Pra rápido enrascar a consciência do rei” (II.2.619-24, 618-9; III.2.82-4; II.2.625-6).

A tendência de Hamlet a levantar hipóteses é algo que Macbeth retoma, ainda que sem a peça para oferecer “fatos” a sustentar conclusões. Ao escrever sobre as peças de Shakespeare — sobretudo os dois *Henrique IV* —, John Kerrigan fez uma observação maravilhosa: as peças se “dilatam em retrospecto”. Da mesma forma, as tragédias se “dilatam” no hipotético. Mas, enquanto o olhar para o passado se ancora na memória (mesmo que a âncora das lembranças não seja mais tão firme à medida que envelhecemos), as hipóteses, em *Macbeth*, rodam livremente pelo imaginário: “Se as sementes do tempo podeis vislumbrar...”; “Se ficasse feito, quando é feito...”; “Se o assassinato...”; “E se nós falharmos?”; “Se for assim,/ Minha alma maculei pelos filhos de Banquo”; “Se os adros e sepulcros vão nos devolver/ Os que ontem enterramos...”; “Se estiveres mentindo...”; “Se for verdade...” (I.3.61; I.7.1, 2, 61; III.1.62-3; III.4.76-7; V.5.41, 43). Ao contrário de Hamlet, Macbeth não põe suas hipóteses à prova. Elas não o direcionam, como faz com Hamlet, ao “caminho”. Em vez disso, tateiam distraídas, agarrando-se a metáforas. Imaginam como as coisas são ao imaginar outras coisas. Naqueles versos do ato I, cena 7, em que o regicídio é elaborado no pensamento — “Se o assassinato/ Ceifasse a consequência e pudesse alcançar/ Com seu cessar sucesso” —, observamos como o “assassinato” é destacado do “assassino” nominal. O cenário hipotético de Macbeth o retira do crime. O assassinato se torna agente de sua própria ação, capaz de, metaforicamente, "ceifar" a "consequência": palavra final, inócua e carregada. Em *Hamlet*, é possível compreender a metáfora da peça como rede, que serve para "enrascar" a "consciência", mas como ceifar a consequência? E será que o "sucesso" é uma espécie de foice que ao ceifar faz cessar? Ou é aquilo que escapa à "consequência"?

Macbeth, afirmou A. R. Braunmuller, é uma peça que pensa por meio de metáforas. Em sua forma mais simples, toda metáfora põe dois elementos que a mente tende a separar numa relação retórica de reciprocidade, em que cada um tinge o outro com um pouco da própria cor. A metáfora funciona por meio da contaminação poética. Nessa peça, os títulos não merecidos são "roupas" alheias, e os títulos roubados são "veste de gigante... larga demais/ Pra seu corpo de anão"; um "rosto é um livro onde é possível ler/ Coisas as mais bizarras"; "o tempero do prato é a cortesia"; o sono é uma "morte diária, alívio ao labor penoso" (I.3.114; V.2.22-3; I.5.65-6; III.4.38; II.2.41). O perigo maior, no entanto, é quando as metáforas funcionam como eufemismo; elas podem legitimar o ilegítimo. Se Malcolm, promovido a herdeiro aparente, é "degrau", é possível "subir mais um grau" acima dele; se Banquo é uma "serpe", pode ser "golpeada"; se o filho de Macduff é um "pirralho" [*egg*], pode ser esmagado (I.4.49-50; III.2.15; IV.2.87). Para Lady Macbeth, matar alguém é um "negócio" (I.5.71) a ser fechado. Essas metáforas tentam inocular o entendimento contra o horror que elas representam. "Os primeiros atos do meu peito serão/ Atos de minha mão", decide Macbeth (IV.1.154-5), numa metáfora que nos estraçalha o pensamento à medida que a fala se desenrola e compreendemos que "primeiros" se refere não só aos primeiros impulsos, mas também aos filhos primogênitos. "Estou com o pé tão fundo/ No sangue que, se eu não puder mais avançar,/ Voltar será tão árduo quanto atravessar", comenta ele (III.4.144-6), e nossos sentidos ficam tão sobrecarregados com o que a metáfora representa, um mar profundo de sangue batendo nas pernas do assassino, que leva algum tempo para que nosso intelecto consiga agir e desenredar seu sentido lógico. Se "se eu não puder mais avançar" significa "parar de matar", por que, então, "voltar" é tão árduo quanto "atravessar"? Será que Macbeth terá de abrir um caminho de volta à terra firme da inocência pela via da chacina?

Conforme os personagens tentam compreender o incompreensível, suas metáforas ficam cada vez mais tensas, e as ideias se sobrepõem umas às outras da forma mais incompatível e violenta possível. A busca por analogias desassossega o fraseado. Mas — e isto é mais estranho — ela revela que as coisas só podem ser conhecidas quando deixamos de conhecê-las. A metáfora cancela o "ser" de uma coisa, faz com que uma coisa deixe radicalmente de *ser* ela mesma, propondo alternativas que a afastam de seu núcleo. O sono é lã, água, remédio, alimento: ele "destrinça os nós da inquietação" [*knits up the ravelled sleep of care*]; é o "alívio ao labor penoso" [*sore labour's bath*]; "Bálsamo recompondo as mentes feridas"; "Refeição principal da suprema natura" (II.2.40-3). A vida é uma "sombra móvel"; "um pobre ator"; "um conto tonto dito/ Por um idiota"; "nada" (V.5.27-9). O rei Duncan assassinado é uma obra de arte, uma "obra-prima", mas feita pelo "caos". Ele é um "templo" escancarado; uma "nova Medusa" que cega os olhos de quem vê; o "ícone fatídico do Grande Juízo" (II.3.67, 69, 73, 79). "O que queres dizer?", indaga Lady Macbeth a certa altura, quando a fala de seu marido parece ter convulsionado (II.2.45). Nós também não sabemos encontrar um sentido literal para um discurso cujas imagens se reúnem como insurgentes exércitos-fantasma, reunidos em alucinações:

ele desempenha
Suas funções todas de maneira tão gentil,
Foi em seu posto tão idôneo, que seus valores,
Boca angélica trombeteando, hão de apelar
Contra a funda danação dessa supressão.

E eis que a piedade, como um bebê desnudo
Cavalgando a rajada, feito arcanjo etéreo
Preso firme aos corcéis intangíveis do ar,
Soprará o hórrido crime em cada olho,
E essas lágrimas todas hão de secar o vento.
(I.7.16-25)

Vem, noite ofuscante,
Recobre o terno olhar do deplorável dia,
E com essa tua mão sanguinária e invisível,
Cancela e despedaça aquele grande pacto
Que me deixa pálido. A luz se espessa, o corvo
Voa rumo à floresta repleta de gralhas.
Os seres bons do dia adormecem e cochilam,
Quando os entes noturnos já buscam suas presas.
(III.2.51-8)

Em discursos como esses, é como se Shakespeare estivesse inventando uma língua para dar uma forma externa ao interior da mente de Macbeth, onde a razão, a consciência, o imaginário e a fantasia se digladiam por palavras, onde "o agir vê-se ofuscado nas vãs conjecturas", e "nada é senão o que não é" (I.3.149-50). E não é só na mente de Macbeth que isso ocorre, já que, neste mundo, a metáfora parece pensar por conta própria. Basta recordar as reviravoltas da metáfora nesses versos sobre o "atroz Macdonald":

que faz jus à alcunha de insurrecto,
Já que as vilezas múltiplas da natureza
Fervilham ao seu redor [...] (I.2.10-2)

O capitão sanguinolento diz que Macdonald, sendo tão vil em sua insurreição, atrai para si todas as outras vilezas da natureza. É isso mesmo? A pergunta surge porque a metáfora engenhosa inverte quem é a vítima e quem é o agente. Ela naturaliza a vileza — faz dela um produto da natureza, como uma colmeia de abelha, um ninho de vespas ou um formigueiro fervilhante, e não um crime cometido por um homem. E então, essas hordas "múltiplas" se voltam contra o criminoso, fazendo-as enxamear terrivelmente o insurrecto, que se torna uma vítima infeliz e indefesa. Ou, por exemplo, Lady Macbeth, que convoca os "espíritos, servos/ Das ideias letais", para que barrem "o sexo" nela. "Sugai os meus seios", implora ela. "Bebei no leite o fel" (I.5.42-3, 49-50). A ordem é para que transformem o leite em fel ou para que eles venham e bebam do leite dela, que já é fel? De novo, Ross, quando comemora as atrocidades no campo de batalha, narra a Macbeth seus feitos surpreendentes: "nas densas hostes norueguesas", tu não estivestes "intimidado co'as estranhas formas/ De morte que engendraste" [*Nothing afeard of what thyself didst make,/ Strange images of death*] (I.3.99-101): mas foi com os cadáveres dos noruegueses que Macbeth fez essas "estranhas formas", ou a partir dele próprio?

Mais do que se repetir, a linguagem da metáfora, como a das adivinhas das bruxas, tem uma tendência a migrar. As palavras ditas numa cena cortam para outra, assimilando novos sentidos, mais intensos, irônicos, terríveis. O literal vira metafórico; a metáfora vira literal — como a "imagem do punhal" do "cérebro opresso em plena ebulição" que ganha uma corporeidade estranha quando Macbeth, sem conseguir apanhá-lo, desembainha a própria arma (III.4.66; II.1.41). Essas transações esquisitas são típicas da peça. No ato II, cena 2, Macbeth mata um homem adormecido, mas registra o feito como metáfora: "Macbeth matou o sono". Os assassinos vestem pijamas, pretendem estar dormindo, mas, de fato, não dormem "jamais", exceto no "horror" que os abala "com tetros sonhos de aflição" (II.2.39; III.2.20-1). No ato V, cena 1, as metáforas culminam na cena de sonambulismo. "Veste tua camisola", pede Lady Macbeth (61) — já tendo vestido a dela. Enquanto fala e caminha naquele êxtase inquieto que trai o sono, o médico que a observa é incapaz de remediá-la com o "bálsamo [das] mentes feridas", pelo qual ela anseia, nostálgica, quando diz suas palavras finais: "Para a cama, para a cama, para a cama" (II.2.43; V.1.67).

A palavra "banquete" — o ritual comum e cotidiano de partir o pão, reunir a família, o clã e o Estado por meio da alimentação — passa por uma jornada parecida ao longo da peça. Ela primeiro aparece como metáfora. Dos elogios de Macbeth, "eu/ Me nutro", diz Duncan: "Para mim é um banquete" (I.4.55-7). Em seguida, o sono é um banquete — "Refeição principal da suprema natura" (II.2.43) — que Macbeth estraga ao matar o rei adormecido. Depois disso, ele estraga o próprio banquete de coroação (III.4). "Todos sabem seus títulos", diz ele, ao dar as boas-vidas aos *thanes* que representam a ordem de seu reino, "sentem em seus lugares" (1). Mas, no decorrer dos cem versos seguintes, ele destrói a mesa, agoniado diante do fantasma ensanguentado que ninguém vê a não ser ele, mas que chegou bem na hora certa, recém-saído da vala onde "vinte buracos abertos na cabeça" (29) deveriam tê-lo mantido, mas não o fizeram. A mesa, as cadeiras, as valetedeiras, os *thanes*, as esposas, tudo isso — mobília do banquete — vira um escudo posto entre o rei trêmulo e a visão que o assombra. Os oficiais ficam atônitos; sua mulher tenta disfarçar; mas a evidência do banquete destruído, com sua alegria estragada, seus "surtos", é condenatória (117). Enquanto os atordoados *thanes* procuram a saída, os destroços do banquete revelam a ruína do reino. Deixados para trás, o rei e a rainha caem cansados nos escombros, conversando sobre isso e aquilo, se perguntando que horas são, ansiando pelo sono, sabendo, mesmo nas profundezas da exaustão, que há muito a fazer, que ainda "somos jovens na ação" (152).

É claro que esse não foi o primeiro banquete — também não seria o último. No começo do ato I, cena 7, como indicam as rubricas do fólio, "*um provador*" — um maître — "*e diversos servidores com pratos e travessas*" entram "*no palco*". Eles levam até Duncan o banquete que celebra a vitória da Escócia — mas Macbeth está ausente, do lado de fora, ruminando as possibilidades: "Se ficasse feito, quando é feito...". As atividades mentais de Macbeth se sobrepõem às do maître, que ocorrem sem que ele as veja: aquele servidor fiel enseja esse anfitrião assassino, cujo pensar sangrento faz do banquete no salão ao lado uma piada. O banquete do ato IV, cena I, é ainda mais ridículo. As irmãs fatídicas se aglomeram em volta do caldeirão — "Dobro em dobro, faina e estorvo" (10) — para preparar uma gororoba tóxica, composta de partes de corpos cozidos — tripas, olho, pé, língua, nariz, lábio e "dedo de nenê morto no parto" (32) —, que é servida *na forma* de aparições corporificadas, para saciar a fome de Macbeth por uma resposta. Metaforicamente, essa é a última ceia de Macbeth — e ele sai empanturrado.

Ao assistirmos a um trecho como esse em cena, sentimos como uma peça é capaz de nos fazer "pensar pelos sentidos" (termo de Robin Grove) e ver "tateando" (como Gloucester, em *Rei Lear*, IV.6.155). "Será que o mar inteiro pode limpar o sangue/ Da minha mão?", pergunta-se Macbeth, olhando aterrorizado a própria mão, com tantas camadas do sangue de Duncan a cobrindo a ponto de parecer escamar (II.2.65-6). *Sabemos* que se trata do sangue do rei — mas é Macbeth quem parece sangrar até a morte, com todas as terminações nervosas da mão esfoladas e expostas à dor. Sua mulher garante, com vivacidade, que "Um pouco d'água basta/ Para apagar o feito" (72-3) e exibe a mão tão manchada quanto a dele. Enquanto isso, porém, o sangue de Duncan já escorreu para dentro dos tecidos de seu ser. Essa mancha não sairá, não importa a quantidade de água que correr por ela. Porque a "mácula" que a mulher sonâmbula vai esfregar, noite após noite, ao lavar as mãos, terá vazado da pele para o cérebro.

Ao participarmos dessas cenas de angústia, nós, espectadores, aprendemos uma lição ainda mais dura do que a dor das metáforas em *Macbeth*. Que, num mundo que não diferencia entre o "tubarão que pilha e rapina" e a "andorinha hóspede dos templos" (IV.1.25; I.6.4), um mundo no qual o equívoco não é a exceção, mas o "fundo coração das coisas" (cito mais uma vez Robin Grove), nesse mundo o equívoco será constitutivo da linguagem. No fim, toda linguagem é metafórica. No melhor dos casos, a palavra é uma aproximação que tenta encontrar a correspondência entre o que *pensamos* e o que *dizemos*. Toda linguagem faz um malabarismo, e todas as palavras, em algum nível, "nos burlam com ditos de duplo sentido" (v.8.21). A língua, mesmo no seu melhor, é feita de "equívocos que o demo diz como verdade" (v.5.46).

Quando Shakespeare escreveu *Macbeth*, ele estava lendo a tradução inglesa de John Florio dos ensaios de Michel de Montaigne e, sem dúvida, topou com o ensaio "Dos mentirosos". Nele, Montaigne recrimina a mentira como "o vício mais detestável" de que o homem é capaz. "Nenhuma outra coisa faz de nós homens", diz ele, "e nenhum outro meio nos mantém ligados uns aos outros a não ser a nossa palavra." Mentir é uma violação disso, o único elemento que sustenta o contrato social. E, ao nos despistar, a mentira multiplica a confusão que, em última análise, leva ao colapso do governo, da ordem e da cultura. Dificilmente nos defendemos do mentiroso:

> Se a mentira não tivesse tantas faces, enquanto a verdade tem uma só, não estaríamos numa situação tão ruim. Pois bastaria pressupor o contrário de tudo aquilo que um mentiroso diz. Mas o oposto da verdade tem muitas formas e atua num campo indefinido.

"Nenhuma outra coisa faz de nós homens... a não ser a nossa palavra": o que faz de nós um alvo fácil. Até porque a "verdade" e a "mentira" não são tão diferentes quanto Montaigne descreve. Nós, humanos, não contamos apenas verdades ou mentiras; contamos piadas, brincamos, usamos trocadilhos e sentidos duplos, falamos por adivinhas "Que instilam em nosso ouvido doces promissões/ Pra depois frustrá-las" (v.8.22-3). Esses atos de fala são mentiras ou modos de dizer a verdade? No fim, Macbeth é destruído, mas não por efeito de uma intervenção extraordinária ou sobrenatural. É aquilo que faz de nós "homens" o que o destrói: a palavra. Diante de Macduff, ele crê estar seguro:

Eu possuo um encanto que me torna imune
A quem nasceu de mulher. (V.8.13-4)

Macbeth, enfim, aprende de que maneira a linguagem funciona nessa peça. "Não te fies nele", responde Macduff,

Deixa apenas que o anjo que sempre serviste
Te diga que Macduff foi tirado do útero
De sua mãe já morta. (15-7)

Enfim! Assim como a confusão em torno de "Cawdor" (tanto tempo atrás), em que a palavra principal era "vivo", Macbeth apostou suas fichas na palavra "mulher". Mas o "equívoco" dito "como verdade" era "nasceu".

"SEMENTES DO TEMPO"

Quando Ross chega à Inglaterra, levando notícias aos exilados, sua visão da Escócia é apocalíptica:

Ai de ti, pobre Escócia, que já quase teme
Se conhecer. Já não és mais nossa mãe,
E sim nosso sepulcro [...] (IV.3.169-71)

Descrever os súditos de Macbeth como filhos da Escócia é apontar uma verdade terrível. O totalitarismo de Macbeth é uma guerra contra o futuro e, em última análise, contra as crianças. Nessa peça recheada "de horrores" (V.5.14), nenhum excede os horrores imaginados e executados contra os corpos das crianças.

Destacando a criança como "possivelmente o símbolo mais poderoso da tragédia", Cleanth Brooks mostrou como a "infantilidade" está enraizada em *Macbeth*. As crianças figuram como personagens (Fleance, filho de Banquo, a "cria de traidor" de Macduff, [IV.2.87], o "fedelho tripa-frouxa", que, de "cara pálida", anuncia a chegada de mais de 10 mil soldados do Exército inglês, no ato V, cena 3, 15, 17). São símbolos em forma material (a "criança sangrando" e a "criança coroada" que surgem como aparições, IV.1, nas rubricas). Elas constituem as metáforas (a "piedade" é como um "bebê desnudo/ Cavalgando a rajada"; os "deveres" são "filhos e servos" para o "reino e trono" de Duncan, e a "nobre emoção" é "filha da lisura"). A imagem da criança condensa o papel e a importância da história na peça, tanto suas ambições pelo "amanhã, amanhã, amanhã" quanto sua nostalgia pela "bênção" de outrora, quando a memória ainda não tinha se tornado essa terra devastada, enraizada na dor e nada mais. Desde o primeiro "Quando?" das irmãs fatídicas, em que Macbeth se ocupa dos futuros — o futuro profético, dinástico, doméstico, metafísico, eterno —, a criança lhes serve de encarnação material. Mas ela também representa a saudade que o adulto tem do próprio passado: a época de inocência, quando não se tinha a mente contaminada de "más noções" (II.1.8), sobre a qual até mesmo um homem bom como Banquo reflete. É, sem dúvida, uma ironia Macbeth querer se apossar do futuro — aquele que as irmãs fatídicas lhe "deram" — e destruí-lo — o futuro que "previram" para Banquo. Disso se compreende que a guerra de Macbeth contra o futuro é uma guerra contra as crianças.

E quanto à sua própria condição de pai? Lady Macbeth afirma: "Eu já amamentei e sei bem/ Quanto é doce o neném quando mama no seio" (I.7.55-6). Mas as meditações de Macbeth em III.1.47-70 e o lamento desesperado de Macduff em IV.3.226 deixam claro que "Ele não tem filhos". Essa discrepância pode estar carregada de sentido — ou ser vazia. No teatro, porém, é impossível se esquivar dela: toda atriz que interpreta Lady Macbeth deve interpretar esse "Eu já amamentei", e todo ator que faz seu marido deve interpretar aquilo que acaba de ouvir. É claro que é possível que a fala de Lady Macbeth seja só uma das muitas nessa peça que "nos burlam com ditos de duplo sentido" (v.8.21). Mas, independentemente do valor que possa ter enquanto "realidade", sua força no ato I, cena 7 é de uma urgência retórica e performativa.

A fala vem para encerrar um diálogo cujo objetivo é fazer de Macbeth um homem. Ele está determinado a não cometer o assassinato: "Melhor não ir adiante com esse negócio" (I.7.32). Ela contra-ataca com perguntas: "Por acaso a esperança/ Em ti tomou um porre e caiu na modorra...?" (36-7). A insistência azeda a esperança, faz dela o sonho de um bêbado e reduz a coroa a um acessório desejado por Macbeth, mas que ele teme apanhar ainda que lhe caia no colo. Ela faz dele um gato, um monstro, um moleirão adoecido pelas fantasias da ambição. Mas um homem? Ela só o considera homem nessas construções hipotéticas que juntam passado e futuro, e que a peça imagina com tamanha insistência: "Só quando ousaste agir/ Foste homem" (I.7.50-4). E enquanto ela faz malabarismos com esses termos — "ousaste", "intimida" [*make*, *unmake*], "mais", "inda mais" —, introduz um non sequitur embasbacante, "o neném quando mama no seio", valendo-se da criança rememorada para armar, numa sintaxe feita de condicionais, a imagem aterrorizante do que *ela* faria para obter a coroa:

> *Eu teria, mesmo com ele rindo pra mim,*
> *Arrancado o meu seio de sua boca tenra*
> *E lhe esmagado os miolos, tivesse eu jurado*
> *Como tu juraste.* (57-60)

Para transformar Macbeth em homem, Lady Macbeth convoca a morte de uma criança.

E qual é a resposta frouxa que ele dá? "Gera apenas filhos homens" (73). Mas as únicas crianças que lhe é permitido ter são aquelas monstruosas, que surgem no caldeirão das bruxas, formadas de partes de um "nenê morto no parto".

Vale lembrar que, enquanto Fleance, o filho do destino, fugiu no escuro, o "pirralho" de Macduff foi morto em seu lugar, à luz do dia. Seu assassinato é o único da peça que o dramaturgo põe no centro do palco, à vista de todos, exigindo que os espectadores o encarem diretamente. Também vale notar que, mesmo quando Macbeth se apresenta como um Herodes tardio, dizimando bebês para não ser deposto, ele sabe que todo esforço é em vão. As crianças vão vencer. Afinal, assim como o bebê desnudo chamado "piedade" é capaz de cavalgar a rajada que Macbeth desencadeia, por menor e desamparado que seja, as crianças nessa peça são anãs e gigantes, pirralhas e poderosos bosques que avançam. São as "sementes do tempo" (I.3.61). E não há como impedi-las.

"OS CÉUS VIRAM AQUILO?"

O que podemos tirar de *Macbeth*? Para a pergunta (se é que precisava ser feita) de "quais as chances de se livrar de um assassinato?", temos a resposta: nenhuma. De forma menos direta, levamos conosco as reflexões sobre a loteria que é a vida, de como a doçura de um e a amargura de outro dependem do acaso, dos encontros fortuitos com estranhos, de oportunidades que agarramos com as duas mãos ou que jogamos fora e estragamos. Não há "mocinhos" em *Macbeth*. Banquo tem de implorar às "Forças benéficas" para cercear "as más noções que a natureza/ Dispara no repouso" (II.1.8-9) porque precisa que elas sejam refreadas: ele tem sonhado com as bruxas (21). Macduff confessa ter "culpa" (IV.3.234). Ele *sabe* que é o culpado pela morte da família: "Não é por falta deles, mas somente minha,/ Que sobre suas almas tombou a chacina" (236-7). (Mas qual culpa foi essa? Sua mulher o chama de traidor e acredita que ele fugiu. Mas o demérito dele não estaria mais para um excesso de ingenuidade, uma falta de "maldade", a ponto de ser incapaz de imaginar que sua mulher e seus filhos corriam perigo? Isso de acreditar que nenhum homem, nem mesmo um tirano, mataria uma *criança*.) Quanto a Malcolm, ele se "prova" um homem honesto ao demonstrar que é experiente na arte da mentira. Assim, para além das outras "virtudes" que "convêm a um rei", Malcolm tem condições de assumir o papel de hipócrita. Em seguida, temos o bom e "velho" Siward, que restaura o governo legítimo da Escócia — ele e seus 10 mil soldados ingleses. Sabemos por Holinshed que Siward é o avô de Malcolm, o que significa que ele tem "direitos memoriais sobre este reino", como diria Fortimbrás em *Hamlet* (v.2.410). Será, então, que o exército de Siward é um exército de libertação ou de ocupação, que avança para anexar a Escócia à Coroa inglesa? (Na história "verdadeira", aliás, o irmão mais novo de Malcolm, Donalbain, que foge para a Irlanda no ato II, mais tarde volta para matar o filho de Malcolm. E Fleance, que tínhamos visto pela última vez se esquivando dos capangas de Macbeth, foge para o País de Gales e, uma vez lá, é acolhido pela família real, estuprando a filha do rei e sendo então condenado à morte. É o filho bastardo, nascido desse estupro, que, mantido na corte como camareiro, "*steward*", da família real, cresce e se torna o primeiro rei Steward/ Stewart/Stuart.) Nesse rol de homens, até mesmo Duncan é ambíguo. Se ele foi tão "gentil" em suas "funções" (I.7.17), por que está sendo atacado por três lados diferentes? Por que ele é o responsável por um outro Gólgota (I.2.41)? Se a bondade de Duncan é duvidosa, a *maldade* de Macbeth não é? No ato V, ainda fazem parte do vocabulário de Macbeth as "doces promissões" (8.22).

Dado o risco que ela é para a humanidade, é recorrente a oração "Não nos deixeis cair em tentação", ou, como a de Banquo, "Forças benéficas,/ Cerceai em mim...". Com alguma sorte, as orações serão atendidas, as "forças benéficas" *vão* se mobilizar, se envolver, nos ajudar. Mas e se elas não vierem? Somos todos Macbeths em potencial? Quando Macduff tentava compreender que sua família tinha sido dizimada, ele de repente perguntou: "E os céus viram aquilo/

E não fizeram nada?" (IV.3.233-4). Essa pergunta é parecida com outra, que Macbeth tinha feito logo no começo: "Por quê?". Por que ele foi interpelado "neste ermo violado,/ Com saudações proféticas"? Por que *ele* e não outro? Será que os céus viram e decidiram não intervir? Onde estavam as forças benéficas quando Macbeth precisou delas?

A desolação que vem com o fim da leitura de *Macbeth* não é só pelo fato de sabermos que Macbeth se destruiu: ele optou pela escuridão, e "quem uma vez perdeu a Graça/ não torna a endireitar, por mais que faça"(*Medida por medida*, IV.4.31-2).[7] Mas também vimos como os céus foram indiferentes enquanto os "engenhos das trevas" se intrometiam na vida de Macbeth, para arruiná-la. Sabemos que ele só fez o que fez a partir de uma deixa. Numa das versões da cena final da peça, a tragédia reproduz essa ambivalência profunda que nos sobrevém, com uma imagem assombrosa. O corpo do "carniceiro vil" (V.9.35), bem como todo o passado sombrio que ele representa, é exposto no palco. Mas, do lado, está o corpo de sua última vítima, o filho de Siward. Ele representa o futuro: o corpo de uma criança.

Notas

1. *Hamlet*. Trad. de Lawrence Flores Pereira. São Paulo: Companhia das Letras, 2015.
2. *Sonho de uma noite de verão e O mercador de Veneza*. Trad. de Carlos Alberto Nunes. São Paulo: Editora Peixoto Neto, 2017.
3. Comentário do editor à edição britânica de *Macbeth* (Penguin, 2005).
4. *Rei Lear*. Trad. de Lawrence Flores Pereira. São Paulo: Companhia das Letras, 2020.
5. Um debate mais detalhado sobre a edição dos textos de Shakespeare por Middleton se encontra no posfácio a esta edição. (N. E.)
6. Observar que a palavra *riddle*, em inglês, significa tanto

"trocadilho" (o sentido mais conhecido e que nos vem à mente sempre que o lemos) quanto "joeira", como usamos aqui. *Riddle* é um tipo de peneira com orifícios maiores, ao passo que *sieve* é um termo universal para peneira. Outra possibilidade de tradução para *riddle* é crivo. Cumpre apontar a ambiguidade do termo. (N. T.)

7. *Medida por medida*. Trad. de Carlos Alberto Nunes. São Paulo: Editora Peixoto Neto, 2017.

A tragédia de Macbeth

Personagens

DUNCAN, rei da Escócia
MALCOLM, seu filho mais velho
DONALBAIN, seu filho mais jovem
MACBETH, *thane* de Glamis
LADY, esposa de Macbeth
BANQUO, um *thane*
FLEANCE, filho de Banquo
MACDUFF, *thane* de Fife
ESPOSA, esposa de Macduff
FILHO, filho de Macduff
LENNOX, um *thane*
ROSS, um *thane*
ANGUS, *thane* da Escócia
MENTEITH, um *thane*
CAITHNESS, um *thane*
SIWARD, conde de Northumberland
JOVEM SIWARD, seu filho
PRIMEIRA BRUXA
SEGUNDA BRUXA
TERCEIRA BRUXA
HÉCATE
Três outras BRUXAS
APARIÇÕES
CAPITÃO
SEYTON, servidor-mor na propriedade de Macbeth

PORTEIRO na propriedade de Macbeth
ANCIÃO
Três ASSASSINOS
Outros ASSASSINOS
MÉDICO na corte inglesa
MÉDICO na propriedade de Macbeth
DAMA DE COMPANHIA na propriedade de Macbeth
LORDES e *THANES*
SERVOS
MENSAGEIRO
SOLDADO

Ato I

CENA I

Trovões e relâmpagos. Entram três bruxas.

1ª BRUXA Quando será nosso próximo encontro?
No raio, na borrasca ou no ribombo?
2ª BRUXA Quando a balbúrdia for concluída,
E a briga, vencida e perdida.
3ª BRUXA Então antes do último lampejo!
1ª BRUXA E qual é o lugar?
2ª BRUXA Lá mesmo no brejo.
3ª BRUXA Macbeth lá estará — eu já prevejo!
1ª BRUXA Estás me chamando, Grisalin?
2ª BRUXA Sapo-coaxo, já vou lá.
3ª BRUXA Até mais!
TODAS O reto é torto e o torto é reto,
Revoa pela bruma e pelo ar infecto.

Saem.

Ato I

CENA II

Alarido vindo de dentro. Entram Duncan, Malcolm, Donalbain, Lennox, com seguidores, encontrando-se com um capitão sangrando.

REI Que homem é este em carne viva? Ao que parece,
Pelo seu triste aspecto, saberá dizer
Do estado da revolta.
MALCOLM Esse é o capitão,
Que, feito bom e bravo soldado, lutou
Contra meu cativeiro. Salve, amigo intrépido,
Diz ao nosso rei como se achava a batalha,
Quando a deixaste.
CAPITÃO Dúbia e incerta como dois
Nadadores exaustos que, enredados juntos,
Se asfixiam ambos mutuamente. O atroz
Macdonald — que faz jus à alcunha de insurrecto,
Já que as vilezas múltiplas da natureza
Fervilham ao seu redor —, das ilhas do poente
Tem recebido peões e tropas de elite,
E a Fortuna, sorrindo à sua ímpia chacina,
Agiu como uma puta do rebelde. Inútil!
Pois o bravo Macbeth, que merece esse título,
Com desdém à Fortuna, co'a espada brandida,
Rígida a fumegar com sangrenta execução,
Dileto do Valor, retalhou seu caminho,

Até topar de frente com aquele escravo;
E ele nem o saudou e nem lhe deu adeus,
Quando inteiro o talhou do garfo até a queixada
Cravando-lhe a cabeça no alto da amurada.

REI Ó valoroso primo, ilustre cavalheiro.

CAPITÃO Como quando o solstício desfecha em seu brilho
Tormentas de naufrágio e terríveis trovões,
Nessa amena estação que auspiciava conforto,
Ergue-se o desconforto: nota, rei da Escócia,
Mal havia a justiça, armada com valor,
Posto os ágeis peões em franca debandada,
E eis que o Norueguês, divisando vantagem,
Com renovadas armas e provisões de homens,
Desfechou novo ataque.

REI E intimidou
Nossos capitães, Macbeth e Banquo?

CAPITÃO Sim, como o pardal à águia e a lebre ao leão.
Na verdade, digo: eram como canhões
Compactos de duplo disparo, pois a dupla
Dobrava em dobro a carga contra o adversário.
Não saberei dizer se queriam banhar-se
Das fumaças do sangue ou inda relembrar
Outro Gólgota. Mas estou desfalecendo;
Minhas feridas gritam por socorro.

REI Em tuas frases e feridas há eloquência;
A honra vive nelas. Levem-no aos médicos.

Saem o capitão e os seguidores.
Entram Ross e Angus.

Quem vem ali?

MALCOLM É o valoroso *thane* de Ross.

LENNOX Mas quanta premência relampeja em seus olhos.
É o olhar dos que vêm falar do que é estranho.

ROSS Deus salve o rei.

REI De onde vens, nobre *thane*?

ROSS De Fife, grande rei,
Onde a bandeira norueguesa afronta os céus,
E instila em nosso povo o frêmito e o terror.
O próprio norueguês, com levas numerosas,
E com o esteio do *thane* de Cawdor, esse vil
Traidor, deu início à atroz conflagração,
Mas o noivo de Belona, armado inteiro,
Afrontou-o de frente, espada contra espada,
Braço contra braço, domando o amotinado
E sua alma bestial. Concluindo então,
A vitória é nossa.
REI Grande alegria!
ROSS E agora
Sweno, o rei norueguês, já pede um tratado.
Não aceitaremos que sepulte seus homens
Até que desembolse, na ilha de São Colm,
Dez mil dólares ao todo em nosso favor.
REI Cawdor não voltará a trair nossa fé.
Vai agora. Proclama sua imediata morte,
E saúda Macbeth com seu antigo título.
ROSS Farei rápido e sem peia.
REI Hoje o que ele perde, o nobre Macbeth careia.

Saem.

Ato I

CENA III

Trovão: entram as três bruxas.

1ª BRUXA Irmã, onde é que estavas?
2ª BRUXA Matando porcos.
3ª BRUXA E tu, onde estavas?
1ª BRUXA A mulher do marujo tem nozes no colo
E mói e mói e mói.
Eu disse: "Me dá?".
"Cai fora, sua bruxa",
Retruca a megera da bunda gorducha.
Foi pra Alepo o seu marido,
Capitão da nau do Tigre.
Mas vou singrar na nau furada
E feito rata desrabada
Vou roer, roer, roer.
2ª BRUXA Vou te dar um ventinho.
1ª BRUXA Agradeço o carinho.
3ª BRUXA E queres também os meus ventos?
1ª BRUXA Já tenho vento em mais de cento,
Soprando em portos opulentos,
E ainda mais todos os quadrantes
Que orientam os navegantes.
Eu vou secá-lo como feno,
E nunca mais o sono ameno
Vai descansar em suas vidraças:

Será maldito em sua desgraça.
Vai nove vezes nove sete noites
Da vida ter dores e açoites,
Seu barco, embora não se perca,
Vai ser carreado na tormenta.
Vejam o que tenho.

2ª BRUXA Me mostra, me mostra.

1ª BRUXA Tá aqui o dedão de um piloto
Que soçobrou quase no porto.

Som de tambores.

3ª BRUXA É um tambor, estão ouvindo?
Macbeth já está vindo.

TODAS As damas vates de mãos dadas,
Núncias da terra e das vagas,
Vão cá, acolá, vão lá e ali
É três aí e três aqui.
E três de novo pra dar nove!
Silêncio. O feitiço já se move.

Entram Macbeth e Banquo.

MACBETH Nunca vi um dia tão feio e tão afável.

BANQUO Forres está muito longe? Que seres são esses,
Tão esvaídos, tão estranhos em suas vestes,
Que mesmo pisando o chão não se parecem
Com nativos da terra? Estais vivos, podeis
Ouvir a voz humana? Creio que entendeis,
Pois juntos levantais até os magros lábios
O dedo trêmulo. Ah, talvez sejais mulheres,
Mas tendes barba, não sei decidir ao certo
O que realmente sois.

MACBETH Se podeis falar, falai: quem sois vós?

1ª BRUXA Salve, Macbeth, salvas a ti, ó *thane* de Glamis.

2ª BRUXA Salve, Macbeth, salvas a ti, ó *thane* de Cawdor.

3ª BRUXA Salve, Macbeth, que serás rei de agora em diante!
BANQUO Senhor, por que esse alarme? Pareces temer
Coisas que soam boas? Em nome da verdade,
O que sois? Sois fantasias ou sois esta face
Externa que mostrais? Ao meu nobre parceiro,
Saudais com pronta graça e avultado prognóstico
De nobre possessão e de esperança régia,
Que parece extasiá-lo. A mim nada dizeis.
Se as sementes do tempo podeis vislumbrar,
E dizer dos grãos qual germinará, qual não,
Falai a mim, a mim que não peço nem temo
Nem os vossos favores nem o vosso ódio.
1ª BRUXA Salve.
2ª BRUXA Salve.
3ª BRUXA Salve.
1ª BRUXA Tu, menor que Macbeth — e maior.
2ª BRUXA Tu, não tão feliz, bem mais feliz.
3ª BRUXA Reis virão de ti, que nunca serás rei:
Assim, salve Macbeth e Banquo.
1ª BRUXA Banquo e Macbeth, salve!
MACBETH Ficai, profetas imperfeitas, falai mais!
Pela morte de Sinel, sei que sou *thane* de Glamis,
Mas agora, por que de Cawdor? O *thane* está vivo,
É cavalheiro próspero: e eu me tornar rei
Não está no prospecto das coisas credíveis,
Não mais do que tornar-me Cawdor. Dizei, onde
Colhestes essa estranha noção? Por que viestes
Nos interpelar aqui, neste ermo violado,
Com saudações proféticas? Falai, eu ordeno!

Bruxas esvanecem.

BANQUO A terra expele bolhas como a própria água,
E essas são três delas. Elas sumiram — pra onde?
MACBETH No vazio do ar, e o que parecia ser corpóreo
Desfez-se como um sopro entremeado ao vento.

Ah, se tivessem ficado.
BANQUO Será que essas coisas estavam mesmo aqui?
Ou será que comemos da raiz insana
Que aprisiona a razão?
MACBETH Teus filhos se tornarão reis.
BANQUO E tu serás rei.
MACBETH E também *thane* de Cawdor: não foi o que disseram?
BANQUO Isso mesmo! Nem mais nem menos. Quem vem lá?

Entram Ross e Angus.

ROSS O rei recebeu com júbilo, Macbeth,
As novas de tua vitória; e quando ele lê
Tua façanha pessoal no combate ao rebelde,
Seu assombro e louvor contendam sobre o que
Deve ser teu ou dele. E eis que assim, silenciado,
Quando retoma o resto desse mesmo dia,
Ele te vê nas densas hostes norueguesas,
Em nada intimidado co'as estranhas formas
De morte que engendraste. E às pressas chegaram
Arauto após arauto, e cada um trazia
Loas à tua defesa de seu grande reino
E assim as derramaram todas aos seus pés.
ANGUS Mandaram-nos aqui para, em nome de nosso
Régio suserano, expressar sua gratidão,
E para te escoltar também à sua presença,
Não para te premiar.
ROSS Como penhor de grande honra, ele mesmo
Ordenou-nos que o nomeasse *thane* de Cawdor:
Por isso, salve, ó bravo *thane*, pois esse título
É teu.
BANQUO Quê! Será que o diabo falou verdades?
MACBETH Mas Cawdor ainda vive. Por que me vestes
Com estas roupas?
ANGUS Vive quem foi *thane*,
Mas paira uma sentença dura sobre a vida

Que ele merece perder. Eu não sei ao certo
Se ele esteve em conluio com a Noruega,
Ou se aderiu ao rebelde com apoio velado
E suporte, ou se usando esses dois artifícios
Operou com empenho na ruína do país.
Mas a traição capital, confessa e provada,
Foi o que o derrubou.

MACBETH [*aparte*] Glamis e *thane* de Cawdor:
O melhor está por vir. — Grato pelo esforço.
[*a Banquo*] Não achas que teus filhos se tornarão reis?
Aquelas que me deram o tanado de Cawdor
Previram para eles algo ainda maior.

BANQUO Isso, se for confiável, talvez ainda
Te açule para além do tanado de Cawdor
Rumo à Coroa. Mas é estranho: muitas vezes,
Com o fim de nos ganhar para a nossa desgraça,
Os engenhos das trevas nos dizem verdades,
E nos seduzem com qualquer besteira fútil,
E nos atraem a insidiosas consequências.
Primos, peço a palavra.

MACBETH [*aparte*] Duas verdades foram ditas,
Prólogos venturosos à próspera ação
Desse tema imperial. — Obrigado, senhores.
Esse aliciamento sobrenatural
Mau não pode ser, nem pode ser bom. Se for mau,
Por que foi que me deu o penhor do sucesso,
Usando uma verdade? Pois já sou *thane* de Cawdor.
Mas se for bom, por que me rendo à sugestão
Cuja hórrida imagem me eriça os cabelos,
E faz meu coração espancar as costelas,
Fugindo à natureza? Os temores que chegam
São pouco ante essa lúgubre elucubração.
Meu pensamento, cujo assassínio não é
Por enquanto mais que fantasia, chacoalha
De tal maneira o meu débil estado humano
Que o agir vê-se ofuscado nas vãs conjecturas,

E nada é senão o que não é.
BANQUO Mas olha — o nosso amigo está absorto.
MACBETH [*aparte*] Se a sorte quer que eu seja rei, então a sorte,
Sim, poderá me coroar, sem que eu me mova.
BANQUO A honra dada é como aquela roupa estranha
Que assenta bem ao corpo apenas com o uso.
MACBETH [*aparte*] Pois então o que deve vir, que venha agora,
Cruzam a jornada ríspida o tempo e a hora.
BANQUO Valente Macbeth, estamos ao seu dispor.
MACBETH Desculpem-me. Estava realmente absorto
Mergulhado em coisas esquecidas.
Gentis cavalheiros, já registrei a vossa
Cortesia no mesmo livro cujas páginas
Eu lerei todos os dias. Vamos ao rei.
Ponderem bem o que ocorreu; e com mais tempo,
Com o arbítrio das horas, poderemos
Falar e abrir nossos corações.
BANQUO Com todo o prazer.
MACBETH Por ora é o que basta: venham, amigos.

Saem.

Ato I

CENA IV

Fanfarra. Entram o rei Duncan, Lennox, Malcolm, Donalbain e seguidores.

REI Já executaram Cawdor? Ou não voltaram ainda
Os que estavam incumbidos?

MALCOLM Meu soberano,
Ainda não voltaram. Mas já conversei
Co'alguém que o viu morrer, o qual me relatou
Que ele confessou com franqueza as traições,
Rogou perdão à Vossa Alteza e demonstrou
Profunda contrição. Nada na vida dele
Caiu-lhe tão bem quanto deixá-la. Morreu
Como alguém instruído na sua própria morte,
E que descarta a coisa que lhe era mais cara
Como se fosse reles palha.

REI Não há arte
Pra encontrar num semblante o arcabouço da alma.
Ele era um cavalheiro por quem erigi
Total confiança.

Entram Macbeth, Banquo, Ross e Angus.

Ó nobre primo, o pecado
Da minha ingratidão era mesmo, ainda agora,
Um peso para mim. Mas tu avanças rápido,

E a asa do favor é lenta pra alcançar-te.
Quisera fosse menor teu merecimento,
Pra que ficassem ao meu cargo a gratidão
E o pagamento. Só me resta afirmar
Que o valor a premiar não te cobre a valia.

MACBETH Os serviços e a lealdade que vos devo
Se pagam por si. À Vossa Alteza convém
Receber nosso dever. E os nossos deveres
São filhos e servos pra vosso reino e trono,
Que só cumprem o que convém quando fazem tudo
Em prol de vosso amor e honra.

REI Bem-vindo.
Já iniciei teu cultivo, e hei de trabalhar
Para que cresças com esplendor. Nobre Banquo,
Tu mereces não menos e deves ser lembrado
Não menos em tua ação. Permite que eu te abrace
Junto ao meu coração.

BANQUO Onde quer que eu cresça,
A ceifa é de Vossa Alteza.

REI Meu júbilo imenso,
Repleto transbordando, já quer se ocultar
Por trás de lágrimas tristes. Filhos, parentes,
Chefes e os aqui mais próximos de nós, saibam:
Legaremos o reino ao nosso primogênito,
Malcolm, que será de agora em diante chamado
Príncipe de Cumberland, honra que, sem exclusão
Dos outros nobres, deve investi-lo sozinho.
Mas as insígnias de nobreza, como estrelas,
Hão de abrilhantar todos os homens meritórios.
Agora para Inverness, para lá fortalecer
Os laços entre nós.

MACBETH O restante é labor que não cabe ao senhor;
Eu vou à frente, anunciarei à minha esposa
A alegre notícia de vossa chegada.
Peço, humilde, vossa licença.

REI Meu nobre Cawdor.

MACBETH [*aparte*] O príncipe de Cumberland, eis um degrau
Em que vou tropeçar ou subir mais um grau,
Pois é um entrave. Astros, cessai o lampejo,
Que a luz não ilumine meu tétrico desejo.
O olho freme vendo a mão: mas deixe ser
Aquilo que, já feito, o olho teme ver.

REI Sim, nobre Banquo, ele é de grande valor, e eu
Me nutro dos louvores que lhe são prestados.
Para mim é um banquete. Vamos seguir agora
O zelo que partiu pra nos dar boas-vindas.
É um parente sem par.

Floreio. Saem.

Ato I

CENA V

Entra a esposa de Macbeth sozinha, com uma carta.

LADY MACBETH [*lê*] *Elas me encontraram no dia da vitória, e entendi, por arte do mais perfeito relato, que elas têm bem mais do que conhecimento mortal. Quando já ardia no desejo de lhes fazer mais perguntas, transformaram-se no ar em que desvaneceram. Estava absorto diante daquele assombro, quando vieram missivas do rei, aclamando-me* "thane de Cawdor", *título com que essas irmãs fatídicas haviam me saudado, dirigindo-se a mim, para o tempo do porvir, com um "Salve tu, que serás rei". Isso achei por bem te informar, querida parceira minha de grandeza, para que não perdesses os direitos do júbilo por ignorar que grandeza está prometida a ti. Guarda isso em teu coração e adeus.*
Tu és Glamis, e Cawdor, e serás o que te foi
Prometido. Porém, temo tua natureza,
Cheia demais do leite da ternura humana
Pra tomar um atalho. Tu queres ser grande,
Não te falta ambição, mas te falta a maldade
Que a acompanha. Queres as alturas, mas queres
Que sejam sagradas. Não queres jogar falso,
Mas queres a vitória por meio arbitrário.
Queres, grande Glamis, o que dentro de ti grita
"Tens de fazer assim". E mais queres aquilo

Que temes ver feito do que amanhã barrar
O que já fora feito. Oh, vem logo aqui,
Pra que eu derrame em teu ouvido os meus espíritos,
E castigue com o valor de minha língua
O que quer que te alije do áureo diadema,
Com o qual o destino e a ajuda metafísica
Parecem ter te coroado.

Entra mensageiro.

Quais as novas?

MENSAGEIRO O rei chega esta noite.

LADY Que loucura é essa?
Teu senhor não está com ele? Se fosse verdade,
Teria pedido que eu fizesse os preparos.

MENSAGEIRO Perdão, mas é verdade: o *thane* está vindo.
Um de meus colegas se antecipou a ele:
Exaurido, sem fôlego, conseguiu no máximo
Transmitir a mensagem.

LADY Prestai-lhe cuidados,
Ele traz ótimas notícias.

Sai mensageiro.

O próprio corvo está rouco
Que crocita a fatídica entrada de Duncan
Dentro dos meus bastiões. Vinde, espíritos, servos
Das ideias letais, barrai em mim o sexo,
Ponde-me prenhe do topo aos pés, transbordando
Na mais tétrica crueza. Adensai meu sangue,
E sustai o trânsito e o acesso do remorso;
Que nunca as contrições dos fluxos naturais
Travem meu cru intento, ou propalem a paz
Entre ele e seu efeito. Sugai os meus seios,
Bebei no leite o fel, espíritos mortíferos,
Onde quer que sirvais, em vossa oculta essência,

Aos danos da natura. E vem, oh, noite espessa,
No fumo mais atro do inferno te amortalha,
Que meu punhal ignore a fenda que ele escava,
Que nunca o céu espie por entre o véu soturno
E grite: "Para! Para!".

Entra Macbeth.

Grande Glamis, valoroso Cawdor, maior
Que ambos na aclamação de todos no futuro,
As tuas palavras me lançaram para além
Do insipiente presente, e num átimo agora
Entrevejo o futuro.

MACBETH Meu mais caro amor,
Duncan chega esta noite.

LADY Quando é que ele parte?

MACBETH Amanhã: é o que pretende.

LADY Ah, nunca
Mais o sol há de vislumbrar esta manhã!
Thane, o teu rosto é um livro onde é possível ler
Coisas as mais bizarras. Pra iludires o tempo,
Imita o tempo, traz no olhar, na mão, na língua
As boas-vindas. Finge ser uma flor singela,
Que oculta uma serpente. É preciso atender
O rei que agora chega; e deixa ao meu encargo
O grande negócio todo desta noite negra,
Que dará domínio e poder supremos
Aos nossos dias todos e às noites vindouras.

MACBETH Falaremos depois.

LADY Só olha com clareza,
Alterar o favor traz temor e incerteza.
Deixa o resto comigo.

Saem.

Ato I

CENA VI

Oboés e tochas. Entram o rei Duncan, Malcolm, Donalbain, Banquo, Lennox, Macduff, Ross, Angus e os seguidores.

REI Este castelo está num lugar agradável:
O ar, fresco e doce, se recomenda aos nossos
Gentis sentidos.
BANQUO Esse conviva do verão,
A andorinha hóspede dos templos, confirma,
Na sua amada morada, que o sopro do céu
Atrai com seu olor. Não há friso, pilastra,
Quina que essa ave não tenha transformado
Numa cama suspensa e num ninho fecundo:
Venho notando que onde elas moram e procriam
O ar é mais suave.

Entra Lady Macbeth.

REI "Ora, ora!" Eis nossa nobre anfitriã.
O amor que nos segue é às vezes incômodo
E inda assim somos gratos. Assim lhe ensino como
Rogar a Deus que nos premie por suas penas
E nos agradeça pelo incômodo.
LADY Nosso serviço,
Em tudo duplicado, ao dobro redobrado,
Foi coisa pobre e reles se for comparado

Às vastas e profundas honras que Vossa Alteza
Cumula em nossa casa. Pelas graças de ontem
E também pelas de hoje nós seremos sempre
Devotos vossos.

REI Onde está o *thane* de Cawdor?
Estávamos em seu encalço, e queríamos
Anunciar sua chegada. Mas é bom montador,
E seu amor grandioso, afiado como esporas,
O trouxe aqui mais cedo. Nobre anfitriã,
Esta noite seremos seus hóspedes.

LADY Vossos servidores
Têm em si bens e gentes que lhes são afiançados,
Cuja auditagem está sempre ao vosso dispor
Pra que aquilo que é vosso retorne ao senhor.

REI Tua mão, senhora. Leva-me ao meu anfitrião:
Nós o estimamos muito e vamos continuar
A dispensar-lhe graças. Com tua licença.

Saem.

Ato I

CENA VII

*Oboés. Tochas. Entram um provador e diversos servidores com pratos e travessas no palco.
Depois entra Macbeth.*

MACBETH Se ficasse feito, quando é feito, melhor
Seria apressar o feito. Se o assassinato
Ceifasse a consequência e pudesse alcançar
Com seu cessar sucesso, só um simples golpe,
E tudo feito e findo, aqui nesta barranca,
Nesta riba do tempo: sim, seria um salto
Na vida futura. Mas ainda nesses casos,
Resta aqui um julgamento que nos instrui
Que a sangrenta ação, quando ensinada, retorna
E infecta o inventor. Essa justiça equânime
Devolve à nossa boca a taça envenenada.
Ele veio em boa-fé... E eu, eu sou seu
Parente, seu súdito, e esses dois se opõem à ação.
E sendo o anfitrião, vou usar então a faca?
Abrir a porta desta casa ao assassino?
Afora isso, Duncan, ele desempenha
Suas funções todas de maneira tão gentil,
Foi em seu posto tão idôneo, que seus valores,
Boca angélica trombeteando, hão de apelar
Contra a funda danação dessa supressão.
E eis que a piedade, como um bebê desnudo

Cavalgando a rajada, feito arcanjo etéreo
Preso firme aos corcéis intangíveis do ar,
Soprará o hórrido crime em cada olho,
E essas lágrimas todas hão de secar o vento.
Não tenho espora pra picar minha intenção
Só a vasta ambição que extrapola a si mesma
E cai do outro lado.

Entra Lady Macbeth.

E então — quais as notícias?
LADY Ele está no fim do jantar. Por que saíste?
MACBETH Ele me chamou?
LADY Sim, qual é a novidade?
MACBETH Melhor não ir adiante com esse negócio...
Ele me honrou tanto, e com isso angariei
Um dourado renome entre tanta gente,
E todos esses brios, cumpre que eu os vista agora
E não os jogue fora.
LADY Por acaso a esperança
Em ti tomou um porre e caiu na modorra
E acorda agora assim, olhando amedrontada
Para o que foi decidido? Como queres que eu julgue
Teu amor doravante? Será que estás com medo
De ser, na tua própria ação e valor, o mesmo
Que és em teu querer? Afinal, o que queres?
Aquilo que estimas ser o ornato da vida
Ou ser um moleirão em tua própria estima?
Pra ter o leite vais ter que molhar a pata,
Feito o pobre gato do adágio.
MACBETH Por favor, paz!
Só me atrevo a fazer o que convém a um homem,
Quem quer que faça mais não é homem nenhum.
LADY Então, me diz, que monstro te fez revelar
Para mim tua empresa? Só quando ousaste agir
Foste homem; e pra ser mais do que foste, terias
De ser inda mais homem. Nada se ajustava,

Nem lugar, nem a hora, mas adequaste tudo,
E agora, com tudo acertado, a convergência
Te intimida. Eu já amamentei e sei bem
Quanto é doce o neném quando mama no seio,
Eu teria, mesmo com ele rindo pra mim,
Arrancado o meu seio de sua boca tenra
E lhe esmagado os miolos, tivesse eu jurado
Como tu juraste.

MACBETH E se nós falharmos?

LADY Falharmos?
Crava tua valentia até que esteja fixa,
E não haverá falha. Quando Duncan dormir —
O que por certo fará depois da viagem —
Encherei os camareiros de vinho, dádivas,
Pra que sua memória, vigia da mente,
Converta-se em fumaça, e o assento da razão
Em alambique. Quando estiverem roncando,
Ébrios feito porcos, como corpos de mortos,
Diz o que vai faltar pra dar cabo a um rei
Assim desguarnecido? E também pra acusar
Aqueles dois gambás? Não vão levar a culpa
De nosso crime?

MACBETH Gera apenas filhos homens.
Pois teu vigor audaz deveria engendrar
Nada senão varões. Será que bastará
Manchar de sangue os dois camareiros e usar
Os seus próprios punhais, para dar a impressão
De que foram eles?

LADY Ninguém dirá o contrário,
Pois seremos enfáticos, mostrando pesar
Por sua morte!

MACBETH Eu já estou pronto, e concentro
A ação corporal toda nesse ato tétrico.
Vamos! E ilude o tempo com bela aparência,
O rosto falso oculta a falsa consciência.

Saem.

Ato II

CENA I

BANQUO A quantas anda a noite, menino?
FLEANCE A lua já baixou. Mas não ouvi o relógio.
BANQUO E é às doze que se põe.
FLEANCE Senhor, talvez mais tarde.
BANQUO Pega aqui minha espada. Há nos céus parcimônia,
Suas chamas já se apagam. Leva isto também.
Um pesado apelo me oprime como chumbo,
E inda assim não quero dormir. Forças benéficas,
Cerceai em mim as más noções que a natureza
Dispara no repouso.

Entram Macbeth e servidor com uma tocha.

Passa-me a espada.
Quem vem lá?
MACBETH Um amigo.
BANQUO Quê! Inda acordado, senhor?
O rei está deitado. Ele desfrutou
De prazer invulgar, premiando com sobeja
Liberalidade os que servem em sua casa.
Sua esposa, ele saúda co'essa pedra rara,
[*dá a Macbeth o diamante*]
Aclamando-a gentil anfitriã, e termina
O dia com imenso prazer.
MACBETH Desprevenido,

Nosso desejo, que é sempre largo e pródigo,
Tornou-se servil às falhas.

BANQUO Está tudo bem.

Sai Fleance.

Ontem à noite sonhei co'as três profetisas.
Para ti revelaram algumas verdades.

MACBETH Não penso nelas.
Mas quando para tal questão houver mais tempo,
Talvez fosse oportuno retomar o assunto,
Se quiseres ceder-lhe tempo.

BANQUO Ao teu dispor.

MACBETH Se vieres comigo, quando for o caso,
Aumentarei tua honra.

BANQUO Se não perco nada
Ao buscar aumentá-la, e se também conservo
Limpa a consciência e clara a lealdade,
Aceito o bom conselho.

MACBETH Agora, bom repouso.

BANQUO Obrigado, senhor, desejo-te o mesmo.

Sai Banquo.

MACBETH [*ao servidor*]
Pede à tua dama que toque o sino, tão logo
Esteja pronta a bebida. Vai para a cama.

Sai o servidor.

Será isto um punhal que vejo em minha frente,
O cabo quase à mão? Deixa-me te agarrar;
Eu não te tenho, mas te vejo, te percebo!
Tu és sensível ao olhar — será, visão fatal,
Que és sensível ao tato? Ou serás tu apenas
Uma adaga da mente, espúria criação

De um cérebro opresso em plena ebulição?
Eu ainda te vejo, tão palpável
Quanto este punhal que saco.
Tu me dás o caminho que em minha mente estava,
Eu já me sentia agarrando esse instrumento!
Meus olhos são burlados pelos meus sentidos?
Ou estou vendo melhor? Sim, te vejo ainda,
E no cabo e no fio há esguichos de sangue
Que não estavam ali. Ah, não, não é possível.
É o plano sanguinário que altera assim os olhos.
E já, nesta terra intermédia, a natureza
Parece morta, e os sonhos lúgubres se alastram
No véu do sono! A magia celebra os ritos
Da pálida Hécate, e o esquálido homicídio,
Que o lobo-sentinela, ululando, conclama,
Voraz como Tarquínio, com passos furtivos,
Despenha feito espectro rumo ao seu desígnio.
Oh, terra firme, abafa meus passos e não diz
Para onde eu vou, por temor de que tuas pedras
Murmurem onde estou e separem do tempo
Tal como aqui convém, o horror do momento.
Enquanto agora eu ameaço, ele respira,
Na palavra mais quente a ação ardente expira.

Um sino toca.

Vou agora e está feito. O sino me convida.
Duncan, não o escutes! Esse é um toque terno
Que te convoca ao céu ou talvez ao inferno.

Sai.

Ato II

CENA II

Entra Lady Macbeth.

LADY O que os entorpeceu, incitou minha audácia!
O que os amorteceu, conflagrou meu incêndio!
Silêncio, escuta! É a coruja murmurando,
Sino fatal tangendo a austera meia-noite!
Tu já estás quase lá. As portas estão abertas,
E os camareiros ébrios, roncando, avacalham
Seus encargos. Droguei de tal modo suas taças
Que a natureza e a morte em seus corpos debatem
Se estão vivos ou mortos.

Entra Macbeth.

MACBETH Ô, quem está aí?
LADY Ai, não! Será que eles acordaram, e a coisa
Não foi feita? É a tentativa, e não a ação,
Que nos destrói. Deixei as adagas lá, prontas,
Bem à mão. Não fosse ao dormir tão parecido
Com meu pai, e eu mesma o teria feito.
Meu marido?
MACBETH Fiz o que era pra ser feito,
Ouviste algum ruído?
LADY O pio da coruja

E o cri-cri dos grilos. Disseste algo?

MACBETH Quando?

LADY Agora.

MACBETH Quando desci?

LADY Sim.

MACBETH Estás ouvindo?
Quem está no segundo quarto?

LADY Donalbain.

MACBETH [*olha para as mãos*] Visão desoladora!

LADY Não sejas tolo! Por que desoladora?

MACBETH Um deles em pleno sono deu uma gargalhada,
E outro gritou "mataram", e assim acordaram.
Eu parei, escutei-os; fizeram algumas preces,
E logo retornaram ao sono.

LADY Há dois alojados ali.

MACBETH
Um gritou: "Deus nos tenha", e o outro então: "amém",
Como se me houvessem visto com mãos de algoz.
Fixo no medo deles, não me veio o amém
Quando disseram: "Deus nos abençoe".

LADY Não tomes isso com tanta gravidade!

MACBETH Não entendo por que não veio esse "amém"?
Eu queria muito essa bênção, mas o "amém"
Travou na minha garganta.

LADY Já chega, não penses
As coisas desse modo ou ficaremos loucos.

MACBETH E então uma voz gritou: "Não dormirás jamais.
Macbeth matou o sono", o inocente sono,
O sono que destrinça os nós da inquietação,
Morte diária, alívio ao labor penoso,
Bálsamo recompondo as mentes feridas,
Refeição principal da suprema natura,
Essencial nutriente no festim da vida.

LADY O que queres dizer?

MACBETH Era um grito perene
Cruzando a casa inteira: "Não dormirás jamais".

"Glamis matou o sono", e Cawdor nunca mais
Há de dormir. Macbeth não dormirá jamais.

LADY Quem gritou? As tuas forças nobres, por que
Tu as debilitas, te entregando a essas visões
Doentias? Vai, pega um pouco de água e apaga
De tua mão, de uma vez, essa evidência imunda!
E esses punhais, por que foi que os trouxeste aqui?
Leva de volta lá, e conspurca com sangue
Aqueles dois beberrões.

MACBETH Para lá não volto.
Tenho medo de pensar naquilo que fiz;
Não ouso olhar de novo.

LADY Homem sem propósito,
Dá-me aqui os punhais. Não passa de um retrato
Aquele que está morto. Só um menino teme
A pintura do diabo. Se ele estiver sangrando,
Adornarei com sangue o rosto dos criados
Para que fiquem co'a culpa.

Sai. Som de batida.

MACBETH Mas que batida é essa?
O que há comigo que todo ruído me alarma?
Que mãos são estas? Eu as vejo e meus olhos saltam.
Será que o mar inteiro pode limpar o sangue
Da minha mão? Essa minha mão na verdade
Vai mesmo é ensanguentar a multidão dos mares,
Convertendo o verde num só carmim.

Entra Lady Macbeth.

LADY É a mesma cor das minhas mãos, mas eu teria
Vergonha de vestir um coração tão fraco!
Eu ouço uma batida no pórtico sul.
Vamos para o quarto. Um pouco d'água basta
Para apagar o feito. Mas é muito simples!

Onde está tua firmeza? [*batida*]
Ouves? Outra batida.
Veste o roupão. Vai que nos encontram aqui
Despertos e nos chamem. Não vás te perder
De modo tão estéril em tuas cogitações.
MACBETH Melhor que eu não me visse a ver o que foi feito!
Acorda Duncan com teu toque. Quem dera pudesses.

Saem.

Ato II

CENA III

Entra porteiro. Som de batida.

PORTEIRO É uma batida mesmo: se alguém fosse porteiro no Pórtico do Inferno, ficaria velho de tanto girar a chave. [*batida*] Bate, bate, anda, vai, bate! Por Belzebu, quem está aí? Deve ser um fazendeiro que se enforcou com a colheita abundante. Chegou em tempo! Traz lenços o bastante contigo, pois aqui, para ter, vais ter de suar. [*batida*] Vai, bate, bate. Quem é que tá aí, pelo nome doutro diabo?! Deve ser um equivoquista, do tipo capaz de fazer juramento perante um prato da balança, mas também perante o outro, e que, evocando Deus, já muito caiu em traição, mas que não conseguiu ludibriar o céu com seus equívocos. Oh, vai, entra logo, equivoquista. [*batida*] Bate, bate. Quem está aí? Pela fé, só pode ser um alfaiate inglês que tá aí, porque surrupiou os panos de uma calça francesa. Entra, alfaiate. Aqui podes aferventar teu ferro. [*batida*] Bate, bate, pode bater. Não há sossego nunca! Quem é? O lugar aqui é frio demais para ser inferno. Bem, largo minha função de porteiro do capeta. A ideia era deixar entrar no inferno gente de todos os ofícios que vão da prima floração ao fogo eterno. Um momento, um momento! Eu peço a vocês, não esqueçam o porteiro! [*a porta se abre*]

Entram Macduff e Lennox.

MACDUFF Amigo, por acaso dormiu muito tarde
Pra estar assim ainda na cama?

PORTEIRO Pela santa fé, senhor, a gente celebrou até o canto do segundo galo — tem três coisas que a bebida provoca muito.

MACDUFF E que três coisas são essas que a bebida provoca?

PORTEIRO Ora, senhor, um nariz encarnado, o letargo e a mijadeira. E a lascívia, senhor, ela provoca e desprovoca. Provoca o desejo, estraga o desempenho. Portanto, postulemos: a bebida em excesso equivoca a lascívia. Ela a atiça, depois dilapida. Instiga o fogacho, mas logo o liquida. Ela o liga, depois o desliga. Vem, persuade, depois desanima. Levanta, tá pronto, e logo definha. Concluindo, nesse quiproquó, ela engana, joga no sono, e, dita a mentira, joga o pobre vivente ali.

MACDUFF Parece que a bebida te mentiu ontem à noite.

PORTEIRO Sim, senhor, me mentiu goela abaixo. Mas retribuí a mentira, e, creio, já que sou muito forte para ela, que, ainda que ela me pegasse às vezes pelas pernas, dei um jeito de derrubá-la.

Entra Macbeth.

MACDUFF Teu senhor já levantou?
Nossas batidas o acordaram. Aí está ele.

Sai o porteiro.

LENNOX Nobre senhor, bom dia!

MACBETH Um bom dia a ambos.

MACDUFF O rei já levantou, grande *thane*?

MACBETH Não ainda.

MACDUFF Recebi ordens dele que o acordasse cedo.
Quase perdi a hora.

MACBETH Posso levá-lo ali.
MACDUFF Eu sei que para ti essa pena é um prazer,
Mas mesmo assim é pena.
MACBETH O labor que regala remedia a dor.
Aqui está a porta.
MACDUFF Tomarei a liberdade de chamá-lo,
Pois foi essa a minha incumbência.

Sai Macduff.

LENNOX O rei vai embora hoje?
MACBETH Vai. Foi o que planejou.
LENNOX Que noite turbulenta! Lá onde dormimos,
As chaminés ruíram. Uns disseram que ouviram
Gemidos no ar, gritos bizarros de morte,
Presságios, profecias, com acentos tétricos,
De horrenda combustão e de eventos confusos
Que a hora aziaga pariu. O lúgubre pássaro
Murmurou toda a noite. Disseram que a terra
Febril até estremeceu.
MACBETH Uma noite brutal.
LENNOX Sou jovem, mas de memória não lembro
De nada comparável.

Entra Macduff.

MACDUFF Horror, horror, horror.
Pra te expressar eu não tenho nem língua, nem peito.
MACBETH E LENNOX Mas o que foi?
MACDUFF O caos consumou hoje a sua obra-prima!
O mais sacrílego assassínio escancarou
O sacro templo do senhor, roubando a vida
Do vasto santuário!
MACBETH Como assim, a vida?
LENNOX Estás te referindo à Sua Majestade?
MACDUFF Adentrem esse quarto, e uma nova Medusa

Cegará os seus olhos. Não me peçam que fale.
Olhem e falem vocês.

Saem Macbeth e Lennox.

Acordai, acordai, acordai!
Toquem o sino de alerta! Traição, assassínio!
Banquo, Donalbain, Malcolm, acordai, rechaçai
O sono alentador que parodia a morte,
Olhai de frente a morte! Levantai-vos e vede
O ícone fatídico do Grande Juízo.
Vamos, Banquo e Malcolm, erguei-vos como mortos,
Avançai como vultos, olhai bem esse horror!
Vamos! Toquem o alarme.

Sino toca.
Entra Lady Macbeth.

LADY O que aconteceu,
Que agora essa trombeta hórrida conclama
Os que dormem nesta casa? Falem, falem.
MACDUFF Oh, gentil senhora, não convém que tu ouças
O que tenho a dizer: pois dizê-lo aos ouvidos
De uma mulher a mataria.

Entra Banquo.

Oh, Banquo, Banquo,
O nosso régio senhor foi assassinado!
LADY Não, céus! Mas como, em nossa casa?
BANQUO Onde quer que fosse, seria o mais cruel!
Caro Duff, eu peço: desdiz o que disseste,
Diz que isso não aconteceu.

Entram Macbeth, Lennox e Ross.

MACBETH Tivesse eu morrido uma hora antes disso,
E a bênção honraria meu tempo na terra,
Pois deixou de ser sério agora o que é mortal;
Tudo é jogo; a honra e a graça estão mortas,
E o vinho bom da vida já vazou, sobrando
Somente a borra pra essa adega se gabar.

Entram Malcolm e Donalbain.

DONALBAIN Que desgraça aconteceu?
MACBETH A tua — e tu nem mesmo sabes.
A origem, a fértil cabeceira, a fonte do teu sangue
Foi parada, o seu jorro primevo estancado!
MACDUFF Teu régio pai foi assassinado.
MALCOLM Oh, por quem?
LENNOX Ao que parece pelos próprios camareiros.
Estavam cheios de sangue, nas mãos, no rosto,
E acharam adagas sujas sobre os travesseiros.
Só olhavam, transtornados. Vida nenhuma
Humana devia ter lhes sido confiada.
MACBETH Ah, agora me arrependo de minha fúria,
Eu os trucidei.
MACDUFF Mas por que fizeste isso?
MACBETH Quem pode, ao mesmo tempo, ser prudente, brando,
Sóbrio e irado, leal e neutro? Nenhum homem.
Meu amor violento explodiu e ofuscou
Os freios da razão. Duncan estava deitado,
A pele argêntea ornada com seu sangue áureo,
Seus cortes parecendo brechas na natura,
Onde a ruína se infiltra. E, ao lado, os assassinos,
Com punhais obscenos plenos de coágulos!
Quem, com amor profundo e coragem ávida
De expressar seu amor, frearia seu ímpeto?
LADY Oh, ajudem-me. [*desmaia*]
MACDUFF Acudam a senhora.
MALCOLM [*a Donalbain*]

Por que é que calamos, nós, a quem esse assunto
Concerne ainda mais?

DONALBAIN Falar o que aqui,
Quando nossa desgraça, oculta em alguma brecha,
Pode saltar e nos deter. Vamos embora,
Nossas lágrimas não estão ainda fermentadas.

MALCOLM Nem nossas vastas dores prontas para a ação.

BANQUO Ajudem a senhora.

Sai Lady.

E assim que tivermos
Ocultado nossas nuas fragilidades
Que sofrem ao se expor, vamos nos encontrar
Pra melhor entender essa obra sangrenta.
Temores e cautelas nos fazem tremer.
Estou na grande mão de Deus, e com ela
Hei de lutar contra os planos encobertos
Do traiçoeiro mal.

MACDUFF Eu também.

TODOS Todos nós.

MACBETH Vamos vestir rápido a prontidão viril,
E nos reunir no grande salão.

TODOS De acordo.

Saem todos, salvo Malcolm e Donalbain.

MALCOLM Que vais fazer? Não vamos nos juntar a eles.
É fácil pra qualquer homem falso mostrar
Uma dor que não sente. Eu vou para a Inglaterra.

DONALBAIN Eu, para a Irlanda. Ficaremos mais seguros
Separando os destinos, pois aqui onde estamos
O sorriso dos homens são punhais — e quanto
Mais familiar o sangue, mais sanguinário é.

MALCOLM A flecha fatal que lançaram ainda está
No ar, e o modo mais seguro para nós

É evitar sua rota. Vamos aos cavalos;
E nos furtando ao requinte das despedidas,
Partamos logo. Há nesse furto autoridade,
Se a si ele se furta ao faltar piedade.

Saem.

Ato II

CENA IV

Entra Ross com um ancião.

ANCIÃO Setenta anos e de tudo lembro bem,
E vi no escopo desse tempo horas tétricas,
Coisas insólitas. Mas esta noite nefanda
Superou tudo o que vi.
ROSS Não vês, meu bom velho,
Que o céu, colérico ante o ato humano, ameaça
A sanguinária cena? Pelo relógio é dia,
Mas a noite estrangula a viandante lâmpada.
O que domina? A noite ou a vergonha do dia?
A escuridão sepulta o semblante da terra
Quando a luz deveria beijá-la.
ANCIÃO É horrendo,
Horrendo, como esse crime. Na última terça
Um falcão a soerguer-se em seu glorioso zênite
Foi capturado por um reles mocho — e morto!
Por um mocho que só caça ratos.
ROSS E os cavalos de Duncan, coisa estranha e certa,
Céleres e garbosos, estalões da raça,
Enlouquecidos, romperam as baias, dispararam
Arredios à obediência, como se fossem
Travar a guerra ímpia contra a espécie humana.
ANCIÃO Ouvi dizer que devoraram uns aos outros.
ROSS É verdade, para o assombro destes olhos meus

Que tudo viram.

Entra Macduff.

O bom Macduff está chegando.
Como está o mundo, senhor?
MACDUFF Não estás vendo?
ROSS E quem executou aquela ação sangrenta?
MACDUFF Os mesmos que Macbeth matou.
ROSS Oh, dia aziago!
Mas o que pretendiam?
MACDUFF Foram subornados.
Os dois filhos do rei, Malcolm e Donalbain,
Fugiram em segredo, e assim recai sobre eles
A suspeita do crime.
ROSS É monstruoso:
Perdulária ambição, que quer malbaratar
Os meios de sua própria vida. É bem provável
Que o poderio agora recaia sobre Macbeth.
MACDUFF Ele já foi eleito e partiu para Scone
Pra ser investido.
ROSS Onde está o corpo de Duncan?
MACDUFF Foi levado para Colmekill,
O sagrado sepulcro de seus precursores
E guardião de seus ossos.
ROSS E tu, vais a Scone?
MACDUFF Não, primo, vou a Fife.
ROSS Bem, irei a Scone.
MACDUFF Adeus! Que tu encontres lá as coisas bem-feitas.
Que nossas roupas nos sirvam melhor que as velhas.
ROSS Adeus, velho.
ANCIÃO Que Deus te leve a bênção e aos que estão contigo,
Que do mal tiram o bem, do inimigo, o amigo.

Saem todos.

Ato III

CENA I

Entra Banquo.

BANQUO Tu tens tudo agora, rei, Cawdor, Glamis, tudo,
Que as irmãs fatídicas ditaram, mas temo
Que pra tê-lo jogaste sujo; e disseram
Que isso não valeria pra teus descendentes,
Mas eu é que seria a semente paterna
De muitos reis. Se é verdadeiro o que dizem,
Pois suas falas, Macbeth, hoje te iluminam,
Por que, provadas as verdades sobre ti,
Elas não podem ser também minhas videntes
E trazer-me esperança? Mas, silêncio! Já basta.

Toque de clarim. Entram Macbeth como rei, Lady Macbeth, Lennox, Ross, lordes e seguidores.

MACBETH Eis nosso melhor conviva.
LADY Seria um lapso
Em nossa grande festa se fosse esquecido,
E o todo estaria incompleto.
MACBETH Hoje à noite,
Senhor, daremos uma solene ceia, e assim
Peço que estejas presente.
BANQUO Estou ao dispor
De Vossa Alteza, meu dever está ligado

Ao vosso mando com os mais indeléveis vínculos.
MACBETH Vais montar esta tarde?
BANQUO Vou, meu bom senhor.
MACBETH Gostaríamos muito de ouvir teu conselho,
Que sempre soube ser grave e vantajoso,
Nas nossas reuniões: mas que o seja amanhã.
Vais muito longe?
BANQUO O bastante, senhor, para ocupar o tempo
Até a ceia. Se meu cavalo se abater,
Terei de pedir à noite o empréstimo de uma
Ou duas horas de escuridão.
MACBETH Não faltes à festa
BANQUO Meu rei, não faltarei.
MACBETH Ouvimos que nossos primos sanguinários
Estão na Irlanda e na Inglaterra, e sem confessar
O cruel parricídio, andam publicando
Estranhas invenções. Deixemos pra amanhã,
Quando seremos também chamados a lidar
Com questões de Estado. Monta rápido — e adeus,
Até tua volta à noite. Fleance vai contigo?
BANQUO Sim, bom senhor. É tarde e o tempo nos intima.
MACBETH Que sejam prestos os cavalos, firmes no trote,
E vos confio assim às vossas montarias.
Adeus.

Sai Banquo.

Que cada homem seja mestre de seu tempo
Até sete da noite; pra dar aos convivas
Uma afável acolhida, nos recolheremos
Até a hora da ceia. Até lá, estejam com Deus.

Saem todos, exceto Macbeth e um servidor.

Rapaz, uma palavra: aqueles homens estão
Ao nosso dispor?

SERVIDOR Lá fora, senhor, junto ao portão do palácio.
MACBETH Traz os dois até mim.

Sai o servidor.

Ser o que sou é nada se não estou seguro:
Nossos medos com Banquo vão fundo,
Reina em sua régia essência o que aviva medo.
Ele tem audácia, e junto à intrépida têmpera
De sua mente, tem também uma sapiência
Que guia seu valor pela senda segura.
Não há senão ele cujo ser me amedronta;
E diante dele meu espírito se intimida
Como Marco Antônio perante Júlio César.
Ele as censurou quando me aclamaram rei,
Intimou-as a falarem com ele. E, proféticas,
Proclamaram-no pai de uma estirpe de reis.
Pousaram em minha testa uma coroa estéril,
Puseram no meu punho um cetro infecundo,
Pra dali arrancá-lo com uma mão espúria,
Deixando-me sem sucessão. Se for assim,
Minha alma maculei pelos filhos de Banquo;
Por eles trucidei o generoso Duncan,
Preenchi de rancor meu cálice de paz
Somente por eles; e minha eterna joia
Foi dada ao cão inimigo da raça humana,
Pra que do clã de Banquo brotem grãos de reis.
Isso não: venha, fado, intervenha na liça
E me guie ao esbarro mortal. Quem vem lá?

Entram servidor e assassinos.

[*ao servidor*] Vai até a porta e fica lá até eu chamar.

Sai o servidor.

Não foi ainda ontem que nós conversamos?
ASSASSINOS Foi, certamente, Alteza.
MACBETH Muito bem. Então,
Já refletiram um pouco sobre o que lhes disse?
Entendam que foi ele, em tempos passados,
Que os manteve assim tão abaixo da fortuna,
Quando achavam que a culpa toda fosse minha.
Demonstrei-lhes isso na última conversa,
E com provas cabais:
De como foram enganados e obstruídos;
Quais foram os instrumentos, quem os operou
E outras coisas tão óbvias que até uma alma média,
Uma mente lerda vai dizer: "Foi Banquo".
1º ASSASSINO O senhor deixou bem claro.
MACBETH Deixei. E fui além — o que agora é assunto
Desse nosso segundo encontro. Acaso acham
Que em vossa índole a paciência é intensa a ponto
De deixar isso assim? Ou são beatos mesmo,
E vão rezar por esse homem e seus herdeiros,
Cujo punho pesado jogou-os na cova,
E aos vossos na miséria?
1º ASSASSINO Somos homens, senhor.
MACBETH Claro que sim, como espécie, são mesmo homens,
Como o galgo, o bassê, o sabujo, o spaniel, o cusco
O cão-lobo, o pastor e o poodle recebem todos
O nome de cão. E na lista há distinção
De qual é mais veloz, ou mais lento, ou sutil,
Qual é pra caça ou para a guarda, em consonância
Com a virtude e o dom que a natureza pródiga
Lhes deu, pela qual recebem um traço especial
Que os destaca naquele catálogo em que todos
São animais iguais. O mesmo com os homens.
Agora, se a sua posição nessa lista
Não está no mais baixo nível da hombridade,
Digam: pois vou lhes confiar uma missão
Cuja execução anula o seu inimigo,

E os vincula ao nosso amor e nosso coração,
Que tem pouca saúde enquanto ele viver
E que estará perfeito quando ele morrer.

2º ASSASSINO
Senhor, eu sou um desses homens que as rasteiras
E os golpes vis da vida incensaram tanto
Que faço qualquer coisa por desprezo ao mundo.

1º ASSASSINO Eu sou outro desses.
Tão cheio de desastres e reveses da sorte
Que arriscaria a vida se tivesse a chance
De corrigi-la ou mesmo eliminá-la.

MACBETH Entendem então que Banquo era seu inimigo?

ASSASSINOS Sim, meu senhor.

MACBETH Meu também; e numa discórdia tão sanguinária
Que cada instante de seu ser no mundo insulta
O que de mim se acerca, e embora eu pudesse,
Com expresso poder, varrê-lo de minha vista
E impor minha vontade, não é o melhor modo,
Pois temos amigos em comum cuja estima
Eu não posso perder, pois vão chorar a queda
Que eu mesmo perpetrei. Eis então a razão
Por que cortejo vosso auxílio com apreço
Desviando a coisa inteira da vista do público
Por razões várias e graves.

2º ASSASSINO Faremos o que
O senhor ordenar.

1º ASSASSINO Apesar de nossas vidas —

MACBETH Percebo teu ardor. No máximo em uma hora,
Vou lhes mostrar onde terão de se plantar,
E informá-los do tempo em que o verão chegar,
O instante — pois terá de ser feito esta noite,
E um pouco longe do palácio, pois entendam
Que preciso de um álibi — e não deixem com ele
Nem pistas nem sinais de um trabalho malfeito.
Quanto ao seu filho, Fleance, que lhe faz companhia,
Cuja ausência julgo não menos essencial

Que a de seu próprio pai, deve abraçar a sina
Daquela escura hora. Decidam sozinhos.
Já volto aqui.

ASSASSINOS Meu senhor, já decidimos.

MACBETH Em breve os chamarei. Permaneçam aqui.

Saem os assassinos.

Está feito: Banquo, tua alma já se apura
E se atingir o céu, é nesta noite escura.

Sai.

Ato III

CENA II

Entram Lady Macbeth e um servidor.

LADY Banquo deixou a corte?
SERVIDOR Sim, senhora, mas retorna ainda esta noite.
LADY Diz ao rei que estou à sua disposição
Para algumas palavras.
SERVIDOR Sim, senhora.
LADY Nada está ganho, tudo é inseguro,
Quando o nosso desígnio é ganho sem conteúdo.
É mais seguro ser aquilo que destruímos
Do que ao arruinar depender do gáudio ambíguo.

Entra Macbeth.

Mas agora, senhor, por que estás sozinho?
Deixando-te arrastar por tristes fantasias,
Submerso a visões que já deviam estar mortas
Como o objeto que veem. O que não tem mais cura
Não merece atenção. Se foi feito, está feito.
MACBETH A serpe foi golpeada, mas ainda vive:
Ela vai recuar e se avivar, enquanto
Nossa escassa malícia fica à mercê
De suas presas de antanho. Que despenquem as vigas
Das coisas e pereçam os dois mundos, antes
Que o temor amargue nossa ceia, e o horror no sono

Nos abale com tetros sonhos de aflição.
Os mortos que entregamos à eterna paz,
Pra manter nossa paz, são melhor companhia
Que a tortura mental e a inquieta agonia.
Duncan jaz em seu sepulcro. Depois do espasmo
Febril da vida, dorme bem. A traição
Já lhe fez o pior: nada mais o atinge,
Nem veneno, nem ferro ou perfídias domésticas,
Nem tropas estrangeiras — nada.
LADY Senhor, vamos,
Desfaz esse rosto sombrio e sejas vívido
E jovial com teus convivas esta noite.
MACBETH Eu serei, meu amor — e peço a ti o mesmo.
Mas não esqueças Banquo. Usa de teus olhos,
De teus lábios, e trata-o com deferência.
Está tudo ainda incerto, e a nós convém molhar
Com fluxos lisonjeiros nossas honrarias,
No rosto disfarçar os nossos corações,
Ocultando o que são.
LADY Agora chega disso.
MACBETH A minha mente está cheia de escorpiões,
Mulher, e lembra: Banquo e Fleance estão vivos.
LADY Mas a vida deles não é eterna.
MACBETH É ainda um consolo: e eles são vulneráveis.
Alegra-te, pois antes que o morcego se erga
Em seu ocluso claustro e antes que o besouro
Em suas asas pênseis, zuindo modorrento,
Ao apelo de Hécate, toque a campânula
Da longa noite lerda, um feito terrível
Terá ocorrido.
LADY Que coisa vai ser feita?
MACBETH Minha joia,
Mantenha-te inocente em teu conhecimento,
Até a hora de aplaudir. Vem, noite ofuscante,
Recobra o terno olhar do deplorável dia,
E com essa tua mão sanguinária e invisível,

Cancela e despedaça aquele grande pacto
Que me deixa pálido. A luz se espessa, o corvo
Voa rumo à floresta repleta de gralhas.
Os seres bons do dia adormecem e cochilam,
Quando os entes noturnos já buscam suas presas.
Te espanta o que digo: mas ouve meu aval,
O que o mal começou só se acera no mal.
Então vem, por favor.

Saem.

Ato III

CENA III

Entram três assassinos.

1º ASSASSINO Quem foi que te mandou aqui?
3º ASSASSINO Foi Macbeth.
2º ASSASSINO Não há por que não lhe darmos nossa confiança.
Ele se referiu com grande precisão
À nossa tarefa, ao que temos de fazer.
1º ASSASSINO Então fica conosco.
A oeste inda cintilam as fagulhas do dia,
E o viajante, atrasado, esporeia o cavalo,
Para chegar ao abrigo a tempo. Não demora,
Os alvos dessa espreita estarão por aqui.
3º ASSASSINO Escuta: cavalos!
BANQUO [*de dentro*] Tragam uma tocha!
2º ASSASSINO É ele, sim. O restante dos convivas
Já se encontra na corte.
1º ASSASSINO Os cavalos pegaram um desvio.
3º ASSASSINO Até lá é uma milha. Estão fazendo aquilo
Que todos fazem, ir a pé até o portão
Do palácio.

Entram Banquo e Fleance com uma tocha.

2º ASSASSINO Uma tocha, uma tocha!
3º ASSASSINO É ele.

1º ASSASSINO Aguentem firme!
BANQUO Vão chover golpes.
1º ASSASSINO Sim!
BANQUO Traição!

Os assassinos atacam. O primeiro assassino apaga a tocha.

Foge, meu bom Fleance, foge, foge, foge!
Fica para a vingança. Oh, escravo!

Banquo morre. Fleance foge.

3º ASSASSINO Quem apagou a tocha?
1º ASSASSINO Não era o planejado?
3º ASSASSINO Só um foi abatido. O filho fugiu.
2º ASSASSINO A melhor metade do negócio fracassou.
1º ASSASSINO Bem, vamos
Lá anunciar o que foi feito.

Saem.

Ato III

CENA IV

Banquete preparado. Entram Macbeth, Lady Macbeth, Ross, Lennox, lordes e seguidores.

MACBETH Todos sabem seus títulos, sentem em seus lugares.
Sejam todos bem-vindos de todo o coração.
LORDES Obrigado à Vossa Majestade.
MACBETH Ficaremos aqui entre os presentes
Como humildes anfitriões.
Nossa anfitriã continuará em seu trono,
Mas, no instante oportuno, pediremos
A ela que nos dê as boas-vindas.
LADY Senhor, diz em meu lugar aos amigos todos,
Pois é o que diz meu coração, que são bem-vindos.

Entra o primeiro assassino.

MACBETH Vês? Eles te enviam graças do coração.
Os lados estão iguais: sento-me aqui no centro.
Que o gáudio seja vasto; logo vamos brindar
Em volta da mesa. — Estás com sangue no rosto!
1º ASSASSINO Então é de Banquo.
MACBETH É melhor em tua pele do que nas veias dele.
Ele foi despachado?
1º ASSASSINO Senhor, foi degolado, isso eu fiz por ele.
MACBETH Tu és o melhor na arte da degola,

Porém é bom quem fez o mesmo com Fleance.
Se tu mesmo o fizeste, és então sem igual.

1º ASSASSINO Meu régio senhor, Fleance fugiu.

MACBETH Volta então o meu mal. Estaria bem sem isso.
Pleno como mármore e firme como rocha,
Vasto e infindável como o ar circundante!
Agora estou cativo, enjaulado em medos,
Dúvidas insolentes. Mas Banquo está morto?

1º ASSASSINO Está, meu senhor, numa vala onde descansa,
E com vinte buracos abertos na cabeça.
Um só o mataria.

MACBETH Agradeço por isso.
Eis a serpente antiga. O verme que escapou
Carrega o grão que um dia há de engendrar veneno,
Mas ainda não tem presas. Vai: e amanhã,
Falaremos de novo.

Sai o primeiro assassino.

LADY Meu régio senhor,
Não vais fazer o brinde? É incompleto o banquete
Quando esquecem de declarar em seu decurso
Que é dado com prazer. Come-se bem em casa,
Mas fora, o tempero do prato é a cortesia,
Sem ela as reuniões seriam ralas.

Entra espectro de Banquo e senta-se no lugar de Macbeth.

MACBETH É uma doce lembrança!
Que a boa digestão se siga ao apetite,
Brindemos pelos dois!

LENNOX Vossa Alteza não gostaria de sentar-se?

MACBETH Teríamos aqui a glória do país,
Se o gracioso Banquo estivesse presente.
Que antes eu o culpe de indelicadeza
Do que lamente um desastre.

ROSS Senhor, a ausência dele,
Infringe uma promessa. Queira Vossa Alteza
Agraciar-nos com vossa régia companhia.
MACBETH A mesa está cheia.
LENNOX Há um lugar aqui, senhor.
MACBETH Mas onde? [*agitado*]
LENNOX Aqui. O que conturba a Vossa Alteza?
MACBETH Quem de vocês fez isso?
LORDES O quê, meu bom senhor?
MACBETH Não venhas dizer que fiz: nunca me ameaces
Sacudindo essas tuas mechas ensanguentadas.
ROSS Levantem-se, senhores. Nosso rei não está bem.
LADY Nobres amigos, sentem-se. Meu esposo amiúde
Age assim — e desde a infância. Eu peço, sentem-se,
O acesso é momentâneo e num piscar de olhos
Ele volta a si. Não reparem demais nele,
Poderão ofendê-lo e delongar seu surto.
Comam, evitem olhá-lo.
[*para Macbeth*] És homem — ou não és?
MACBETH Sim, e do tipo audaz, que ousa olhar aquilo
Que aterra até o demônio.
LADY Quanto disparate!
Isso é só o retrato que o teu medo pinta,
A imagem do punhal que, segundo disseste,
Te guiou até Duncan. Esses teus rompantes,
Esses surtos, farsantes do temor real,
Mais parecem essas lendas que as mulheres contam
Junto à lareira co'a anuência da vovó.
Que vergonha! Por que agora essas caretas?
Tudo terminado, ficas fixado num banco.
MACBETH
Oh, estás vendo aquilo? Olha lá, olha! — O que disse?
[*para o espectro*] Quê? E o que tenho a ver com isso?
Se consegues mexer a cabeça, então fala.
Se os adros e sepulcros vão nos devolver

Os que ontem enterramos, nossos mausoléus
Serão carniça para abutres.

Espectro sai.

LADY Quê! Acovardado inteiro na loucura!
MACBETH Eu estou aqui — e sim, eu o vi!
LADY Para, não tens vergonha?
MACBETH Já muito sangue foi vertido no passado,
Antes que a boa lei purgasse o nobre Estado,
E sim, desde então, houve execuções terríveis,
Tétricas de ouvir. E houve tempo em que bastava
Decepar a cabeça, e o homem estava morto,
E tudo terminado. Mas hoje eles retornam,
Com cem golpes mortais no topo da cabeça,
E usurpam nosso assento. Isso é mais estranho
Do que esse assassinato.
LADY Meu bravo senhor,
Teus amigos sentem tua falta.
MACBETH Esqueci.
Não vos assusteis, amigos, eu sofro desse mal
Estranho que, para os que me conhecem, é nada.
Recebei os meus votos de amor e saúde.
Vou sentar. Servi-me um copo cheio de vinho.

Entra o espectro de Banquo.

Eu brindo pelo gáudio geral dessa mesa,
E por Banquo, amigo que tanta falta faz —
Quisera estivesse aqui! Um brinde por ele,
Por todos e que todos tenham tudo.
LORDES Pelo nosso dever e lealdade!
MACBETH Sai! Sai da minha frente! Que a terra te esconda.
Teus ossos já estão secos, e teu sangue, frio;
E o espelho de teus olhos não enxerga mais.
LADY Vejam isso, senhores, como algo usual,

E nada mais, só estraga o prazer da ocasião.
MACBETH O que um homem ousa, eu ouso.
Que tu venhas na forma de um urso colérico,
De um tigre da Hircânia ou de um rinoceronte,
Ou qualquer outra forma, e os meus firmes tendões
Não tremerão jamais. Ou que ainda revivas,
E me incites ao deserto com tua espada,
Se eu lá ficar tremendo, tu podes me chamar
De mocinha. Fora daqui, sombra horrorosa,
Quimera vã, pra fora. [*sai espectro*] Pronto, ele se foi:
Sou um homem de novo. Por favor, sentai-vos.
LADY Estragaste a alegria, rompeste o belo encontro
Com esses surtos loucos.
MACBETH Quando essas coisas surgem
E nos inundam tal uma nuvem de verão,
Como não se espantar? Tu me tornas estranho
Mesmo aos fundamentos de minha natureza,
Quando te vejo olhar de frente essas visões
Conservando o rubor natural de tuas faces
Quando as minhas branqueiam de medo.
ROSS Que visões, meu senhor?
LADY Por favor, não lhe fales. Ele só piora;
Perguntas o enfurecem. Boa noite a todos.
Dispensem a hierarquia de saída, e saiam
De uma só vez.
LENNOX Boa noite, estimo melhoras
À Vossa Majestade.
LADY A todos, boa noite.

Saem lordes e servidores.

MACBETH Vai gerar sangue, dizem: sangue gera sangue.
E há pedras moventes e plantas que falam.
Augúrios, nexos turvos, extraídos das vísceras
De corvos, gralhas, pegas, revelaram o mais
Secreto carniceiro. E onde está a noite?

LADY Emulando a manhã num embate cerrado.
MACBETH Como vês, considerando nossa insistência,
A ausência de Macduff?
LADY Mandou chamá-lo?
MACBETH Soube por acaso, mas, sim, vou chamá-lo.
Não há um só deles em cuja casa eu não tenha
Um empregado pago. Partirei amanhã,
E cedo encontrarei as fatídicas damas.
Quero que falem mais, quero ver o pior
Pelos piores meios; pra meu próprio bem,
Tudo tem de ceder. Estou com o pé tão fundo
No sangue que, se eu não puder mais avançar,
Voltar será tão árduo quanto atravessar.
Em minha mente há raridades já à mão,
Que sem sondagem devem se tornar ação.
LADY Falta-te o sal da vida, o sono.
MACBETH Vamos dormir,
Essa minha estranheza que agora me abusa
É medo de noviço sem treino e sem uso.
Somos jovens na ação.

Saem.

Ato III

CENA V

Trovão. Entram as três bruxas, encontram Hécate.

1ª BRUXA Hécate, o que é que foi? Pareces braba.
HÉCATE E não tenho razão, megeras vadias,
Metidas? Mas quanta ousadia
Virem com enigmas, ardis, blefes
Tratar da morte com Macbeth,
E eu, rainha dos feitiços,
Fautora ignota de todos os malefícios,
Não fui chamada para mi'a parte,
Que é de mostrar minha glória e arte,
E, pior ainda, vieram com encantos
Pra um irado, odioso que, a exemplo de tantos,
Só ama seus ganhos, mas não a vocês!
Chispa! E concertem tudo de uma vez,
E, no cabouco de Aqueronte,
Assim que cedo o sol desponte,
Vão lá me encontrar. Pois atino,
Lá ele virá pra saber de seu destino.
Já preparem caldeirões, os sortilégios,
Feitiços, todos os sacrilégios!
E à noite vou pairar no ar
Para engendrar revés e azar!
Até meia-noite há fainas portentosas!
Sobre a borda da lua aquosa,

Há um pingo pênsil, sutil e etéreo grão,
Vou lá pegar antes que caia no chão;
E assim, destilado por truques e rasgos,
Trará co'o artifício um tal tipo de trasgo
Que, só por força da ilusão,
O lançará na confusão.
Ele vai apoucar seu destino,
Levar a esperança pra além do bom tino,
Da graça e do medo — e se achando um forte,
Vai louco escarnecer a morte.
Não sabem? A confiança é o maior mal
Que pode acossar um mortal;
Mas pera, tão vendo? É meu trasgo-menino
Na bruma sentado esperando meus mimos.

Sai Hécate.
Canta ao longe.

"E vamos embora, ora, ora, ora!"

1ª BRUXA Venham, vamos rápido! Ela logo vai voltar.

Saem.

Ato III

CENA VI

Entram Lennox e outro lorde.

LENNOX O que eu te disse apenas roçou teus pensamentos,
Podes sondar melhor mais tarde. Digo apenas
Que isso aconteceu de modo estranho. Macbeth
Chorou o nobre Duncan. Céus, estava morto.
E aí o bravo Banquo sai tarde da noite:
Podes muito bem supor que Fleance o matou
Já que fugiu. Ninguém deve sair à noite.
Diz: quem é que não pensou na monstruosidade
Que foi, pra Malcolm e para Donalbain, matar
O nobre pai? Foi hediondo, mas como aquilo
Feriu Macbeth! Ele não foi lá de imediato,
Cheio de ira santa, trucidar os bandidos
Que eram escravos do copo e lacaios do sono?
Foi uma ação nobre, não? E prudente também,
Pois qualquer alma teria se enfurecido
De ouvir os dois negarem. E digo ainda que ele
Fez tudo certo, e creio que, se ele tivesse
Mantido os filhos de Duncan sob custódia —
Que os céus não permitam —, veriam o que custa
Assassinar um pai. O mesmo para Fleance.
Já basta. Ouvi dizer que, por sua franqueza
E sua ausência na festa do tirano, Macduff
Vive em desgraça. O senhor pode me dizer
Onde ele se encontra?

LORDE O filho de Duncan,
Cujos bens de nascença o tirano tomou,
Está na corte inglesa, e lá foi recebido
Por Eduardo, o pio, e com tantas mercês
Que a vã malevolência da fortuna nada
Rouba de sua alta honra. Macduff partiu
Para rogar ao sacro rei que traga ajuda,
E agrupe Northumberland e o bélico Siward,
Que, assim, apoiado por ele e com Deus
Ratificando a ação — possamos dar de novo
Às nossas mesas, carne, e às nossas noites, sono,
Livrar nossos festins de punhais sanguinários,
Honrar, ser honrado, com franqueza, com fé,
Tudo o que hoje ansiamos. E toda essa notícia
De tal maneira exasperou o rei da Escócia
Que ele já faz preparações de guerra.
LENNOX Ele mandou chamar Macduff?
LORDE Mandou: e ouvindo um lacônico "Eu não, senhor",
O nebuloso arauto então lhe vira as costas,
Rosna como quem diz: "Vai lastimar o tempo
Que perdi esperando essa resposta".
LENNOX Isso vai
Ajudá-lo a ter cautela e a empregar de toda
A distância que o tato lhe puder prover.
Que o sacro anjo voe à corte inglesa e exponha
Sua mensagem antes que ele chegue, pra que
A bênção veloz volte a essa terra ferida
Pela mão maldita.
LORDE Ele irá — com minhas preces.

Saem.

Ato IV

CENA I

Trovão. Entram as três bruxas com um caldeirão.

1ª BRUXA O gato malhado três vezes miou.
2ª BRUXA Três vezes e uma o ouriço chiou.
3ª BRUXA E Harpia já grita: "É hora, é hora".
1ª BRUXA Em volta agora do caldeirão
Joguem lá dentro tripas do cão;
Sapo dormido na pedra fria
Que por trinta noites mais um dia
Gotejou peçonhas nos culotes,
Fervam logo no mocó do pote.
TODAS Dobro em dobro, faina e estorvo
Ferve o pote e arde o fogo!
2ª BRUXA Filés de cobra do banhado,
No caldeirão fervam com cuidado,
Pé de sapo, olho de tritão,
Lã de morcego, língua de cão,
Forca da víbora da macega,
O fino ferrão da cobra-cega,
Mão de lagarto, pluma de mocho,
Todo o bruxedo que engendre arrocho,
Igual ao do inferno que fumega.
TODAS Dobro em dobro, faina e estorvo
Ferve o pote e arde o fogo!
3ª BRUXA Unha de dragão, dente de lobo,

Pó de ebó, a bucha, a goela salobra
Do tubarão que pilha e rapina;
A raiz da cicuta mofina,
Tirada da terra em pleno escuro,
A bossa vil do blasfemo impuro,
Bílis de bode, raspa de teixo,
Da hora em que a lua sai do eixo,
Lábio mongol, nariz de Parta,
Dedo de nenê morto no parto,
Que nasceu de uma puta no fosso;
Façam um caldo bem denso e grosso,
E ao final temperem nosso pote
Co'as tripas de um tigre de bom porte.

TODAS Dobro em dobro, faina e estorvo
Ferve o pote e arde o fogo!

2ª BRUXA Resfriem com sangue de gibão,
E estará o feitiço firme e bom.

Entram Hécate e outras três bruxas.

HÉCATE Perfeito! Trabalharam sem mais acanho,
E assim terão parte nos ganhos!
Agora em volta das bagatas
Rodem feito elfos, cantem como fadas,
Que cada coisa assim vai ficar encantada.

Música. "Espíritos sinistros etc."
Saem Hécate e as três outras bruxas.

2ª BRUXA Meu dedão está coçando,
Algo ruim já está chegando,
Trincas abram seus engates,
Pra quem quer que agora bate!

Entra Macbeth.

MACBETH E então, velhas secretas, sombrias, noturnas,
O que estais fazendo?
TODAS Uma obra sem nome.
MACBETH Eu vos conjuro, pela arte que exerceis,
Não importa vossa origem, que me respondeis;
Por muito que inciteis os ventos impetuosos
Contra os templos, por mais que o vagalhão feroz
Sacoleje e devore os navios a singrar,
Por mais que o grão se arruíne e se destroce a árvore,
Por mais que as cidadelas tombem sobre a guarda,
Por muito que despenquem as torres e os palácios
Da altura até o chão, e que o rico tesouro
Dos grãos da natureza tombe por inteiro
Até se agoniar com a própria destruição,
Respondei a questão.
1ª BRUXA Vai, fala.
2ª BRUXA E pergunte.
3ª BRUXA Que responderemos.
1ª BRUXA Diz se queres ouvir de nossa própria boca,
Ou da boca dos mestres?
MACBETH Chamai-os, quero vê-los!
1ª BRUXA Derrama aqui dentro a sangria
Da leitoa que comeu nove crias,
E despeja no fogo a graxeira porca
Que ficou na forca
Do assassino que bateu as botas.
TODAS Se sois ínferos ou ínclitos, vinde então,
Mostrai o que sois e vossa função.

Entra a primeira aparição: uma cabeça com elmo.

MACBETH Fala, poder oculto.
1ª BRUXA Ele sabe o que pensas,
Escuta o que ele diz e mantém silêncio.

1ª APARIÇÃO
Oh, Macbeth! Macbeth! Com Macduff, toma cuidado,
E com o *thane* de Fife. Agora vou, já está falado.

Ele desaparece.

MACBETH Quem quer que sejas, eu agradeço o alerta;
Tu leste o meu temor. Mas mais uma palavra...
1ª BRUXA Ele não recebe ordens. Eis aí outro
Mais poderoso que o primeiro.

Trovão.
Entra a segunda aparição: uma criança sangrando.

2ª APARIÇÃO Macbeth, Macbeth, Macbeth.
MACBETH Tivesse eu três ouvidos, e eu te escutaria.
2ª APARIÇÃO Sê audaz e cruel, ri e zomba do humano,
Ninguém nascido de mulher te trará dano.

Desaparece.

MACBETH Então, viva Macduff! Por que devo temer-te?
Mas vou me assegurar duplamente
E me aliar ao destino. Então não viverás
Para que ao medo eu possa dizer que ele mente
E dormir, apesar dos trovões.

Trovão.
Entra a terceira aparição: uma criança coroada, com uma árvore na mão.

O que é isso,
Que ali se ergue como um renovo de um rei
E veste sobre a fronte infante o diadema
E o estema do poder?
TODAS Escuta — mas não fala!

3ª APARIÇÃO Veste o brio do leão, não penses no temor,
Em quem te aflige e ameaça ou no conspirador.
Pois nunca Macbeth há de ser conquistado
Até que o bosque Birnam tenha escalado
O cume de Dunsinane para afrontá-lo. [*desaparece*]
MACBETH Jamais ocorrerá. Pois quem pode aliciar
Um bosque ou dizer às árvores austeras
Que arranquem suas raízes do fundo da terra?
Bons sinais! Não se ergam, mortos rebelados,
Antes que o bosque de Birnam tenha se elevado;
E então Macbeth há de viver até o final,
Pagar seu sopro ao tempo e à usança mortal.
Mas algo me inquieta: se for capaz de tanto
A tua arte, me diz se a estirpe de Banquo
Um dia reinará no país.
TODAS AS BRUXAS Não queiras saber tanto.
MACBETH Terei minha resposta. Se me negarem isso,
Recebam todas eterna maldição. Falem!

O caldeirão desce. Oboés tocam.

O caldeirão sumiu. Por quê? Que ruído é esse?
1ª BRUXA Venham!
2ª BRUXA Venham!
3ª BRUXA Venham!
TODAS Surjam ante seus olhos, aflijam-lhe a alma
Venham nas sombras e partam em calma.

Entram. Uma pantomima de oito reis, o último com um espelho na mão, e o fantasma de Banquo.

MACBETH Pareces tanto com a alma de Banquo! Sai!
Tua coroa me queima os olhos. Teus cabelos,
Oh, fronte orlada de ouro, lembram os do primeiro!
Eis o terceiro — igual! Por que, velhas imundas,
Mostrais-me tudo isso? Não! Um quarto? Fora!

Será que essa linhagem vai ao fim dos tempos?
Outro ainda? Um sétimo? Não vou mais olhar.
E agora surge o oitavo, que traz um espelho
Que me mostra outros tantos mais. E alguns eu vejo
Que carregam duplos orbes e triplos cetros.
Visão horrenda. Agora vejo que é verdade;
Pois molhado de sangue, Banquo me sorri
E me aponta sua prole.

Saem reis e Banquo.

Quê?! É isso mesmo?
1ª BRUXA Isso, senhor. Mas por que motivo
Macbeth está tão apreensivo?
Vamos, irmãs, vamos alegrá-lo,
E dar-lhe nosso melhor regalo.
Enquanto encanto o ar
Para que toque a balada,
No bailão cirandem bem, com patuscadas,
Pra que esse grande rei possa nos dizer
Que honramos suas graças com muito prazer.

Música. As bruxas dançam e desaparecem.

MACBETH Onde estão? Já foram? Que essa nociva hora
Seja maldita sempre nos calendários! —
Quem estiver aí, que entre.

Entra Lennox.

LENNOX O que quer, Vossa Alteza?
MACBETH Viste aquelas sinistras damas?
LENNOX Não, senhor.
MACBETH Não passaram por ti?
LENNOX Não, senhor, realmente.
MACBETH Que infecto seja o ar por onde elas passarem,

E maldito quem quer que lhes dê confiança.
Ouvi galopes de cavalo: alguém chegou?
LENNOX São dois ou três, senhor, que te trazem notícia:
Macduff fugiu para a Inglaterra.
MACBETH Para a Inglaterra?
LENNOX Sim, meu senhor.
MACBETH [*aparte*]
Tu te antecipas, tempo, aos meus feitos terríveis.
O célere propósito jamais se consuma
Sem que a ação o acompanhe. Daqui doravante,
Os primeiros atos do meu peito serão
Atos de minha mão. E agora o pensamento
Vai se armar de imediato do cetro da ação.
Os bastiões de Macduff tomarei de surpresa,
E vou sitiar Fife, passar no fio da espada
Sua esposa, os filhos, toda a alma desgraçada
Dos seus parentes. Chega de bravata e vento,
A ação virá à luz antes que esfrie o intento.
Já chega de visões. Onde é que eles estão?
Vamos, leva-me até eles.

Saem.

Ato IV

CENA II

Entram a esposa de Macduff, seu filho e Ross.

LADY MACDUFF O que ele fez pra ter de fugir do país?
ROSS Tem paciência, senhora.
LADY MACDUFF Foi o que ele não teve.
Fugir foi loucura. Se não são nossos atos,
É o nosso medo que nos torna traidores.
ROSS A senhora não sabe se foi por temor
Ou por prudência.
LADY MACDUFF Mas onde é que está a prudência?
Deixar sua mulher, deixar suas crianças,
A casa, as terras e seus direitos num lugar
Donde ele próprio escapa? Ele não nos ama,
Falta-lhe o afeto nato. Até a pobre carriça,
A mais pequenina das aves, enfrentará
O mocho pra salvar no ninho suas crias.
O medo então é tudo, e o amor não é nada;
Por menor a prudência, onde foi que uma fuga
Foi tão longe da ciência?
ROSS Querida prima,
Eu te peço, contém-te. Quanto ao teu marido,
É nobre, judicioso e sábio, e sabe bem
Das desordens do tempo. Mais não vou dizer:
Cruéis são os tempos se somos traidores
Sem nem mesmo o saber. Há rumores, sentimos

Medo, mas desconhecemos o que tememos,
E boiamos num mar violento e bravio
Pra lá, pra cá, sem rumo. Eu peço tua licença,
Não vai demorar muito e estarei de volta.
O que chega ao mais fundo cessa ou mesmo se alça
Àquilo que já foi. E tu, meu lindo primo,
Que o céu te abençoe.
LADY MACDUFF Embora ele tenha um pai, falta-lhe um pai.
ROSS Sou um grande tolo se ficar aqui mais tempo,
Seria mi'a desgraça, e para a senhora, incômodo.
Peço licença e me despeço.

Sai Ross.

LADY MACDUFF Meu menino, teu pai está morto.
O que farás agora? Como vais viver?
FILHO Mãe, como os passarinhos.
LADY MACDUFF Como assim, de minhocas e moscas?
FILHO Daquilo que eu encontrar: como eles.
LADY MACDUFF Pobre passarinho! Diz-me, não terias medo
Da rede, do visgo, da arapuca, do alçapão?
FILHO Por quê, mãe? Essas armadilhas não são para
passarinhos pobres.
Meu pai não está morto, apesar do que a senhora diz.
LADY MACDUFF Está, sim. O que vais fazer sem um pai?
FILHO E tu — o que vais fazer sem um marido?
LADY MACDUFF Ah, posso comprar vinte deles num mercado.
FILHO Então vais comprá-los para revendê-los, é isso?
LADY MACDUFF Céus, tu és muito esperto quando falas,
esperto até demais para a tua idade.
FILHO Mãe: o meu pai foi um traidor?
LADY MACDUFF Sim, ele foi.
FILHO O que é um traidor?
LADY MACDUFF Ora, alguém que jura e mente.
FILHO Todos que fazem essas coisas então são traidores?
LADY MACDUFF Todos — e por isso têm de ser enforcados.

FILHO Todos que juram e mentem têm de ser enforcados?
LADY MACDUFF Todos.
FILHO Quem vai enforcá-los?
LADY MACDUFF Ora, os homens honestos.
FILHO Então todos os que mentem e juram são parvos, pois há mentirosos e perjuros o suficiente no mundo para surrar e enforcar os homens honestos.
LADY MACDUFF Ai, meu macaquinho, que Deus te ajude.
Mas como vais te virar sem um pai?
FILHO Se ele estivesse morto, tu chorarias por ele. Se não chorasses, seria um bom sinal de que logo teria um novo pai.
LADY MACDUFF Pobre tagarela, olha só como fala!

Entra um mensageiro.

MENSAGEIRO Deus te abençoe, bela dama. Não sabes
Quem sou, mas sei de tua honra e posição.
Há riscos iminentes, creio, que te ameaçam:
Se quiseres aceitar meu humilde conselho,
Não permaneças aqui, foge, leva as crianças.
Sei que sou brutal por te apavorar assim,
Não quero ser cruel ao te falar do mal
Que daqui se aproxima. Que os céus te preservem,
Não ouso ficar mais tempo.
LADY MACDUFF Mas fugir para onde?
Eu não fiz nenhum mal. Mas agora me lembro,
Vivo no mundo abaixo onde fazer o mal
É amiúde louvável, e fazer o bem não raro
É tido como arriscada insânia. Mas por que
Eu lanço essa defesa débil de mulher,
Que eu não fiz nenhum mal?

Entram os assassinos.

Mas que rostos são estes?
1º ASSASSINO Onde é que está teu marido?

LADY MACDUFF Espero que em nenhum lugar tão profano
Onde alguém como tu possa encontrá-lo.
1º ASSASSINO É um traidor!
FILHO Mentira, vilão desgrenhado.
1º ASSASSINO O quê? Pirralho! Cria de traidor!
FILHO Ele me matou, mãe. Vai, foge, foge. [*morre*]

Sai esposa aos gritos de "Assassino".
Saem assassinos.

Ato IV

CENA III

Entram Malcolm e Macduff.

MALCOLM Vamos procurar uma sombra desolada
E aliviar as nossas tristes almas.
MACDUFF É melhor pegar
Nossa espada letal e, como homens bons,
Transpor a terra em ruínas. A cada manhã
Mais viúvas choram, órfãos gemem, mais dores
Ferem a face do céu que ecoa como se sofresse
Das dores da Escócia e gritasse refletindo
A mesma dor.
MALCOLM Eu vou chorar pelo que creio
E crer no que sei. E o que eu puder reparar,
Encontrado o momento propício, eu farei.
O que disseste talvez possa ser verdade.
Ele foi visto como honesto. Tu o amavas.
Ele inda não te afetou. Sou jovem, mas algo
Em mim talvez te ajude a ver o que ele é,
E que é sábio ofertar um pobre, fraco e inocente
Cordeiro para aplacar um deus irado.
MACDUFF Eu não sou traiçoeiro.
MALCOLM Sim, mas Macbeth é.
Um traço bom e virtuoso pode se dobrar
Sob o peso de um rei. Mas peço teu perdão;
O que penso não pode mudar o que és.

Os anjos brilham sempre, a despeito da queda
Do anjo mais brilhante. Mesmo que toda a infâmia
Traga os traços da graça, a graça há de sempre
Parecer o que é.

MACDUFF Eu perdi a esperança.

MALCOLM E talvez ali mesmo onde ganhei mi'as dúvidas.
Por que deixaste expostos tua esposa e teus filhos —
Laços de amor tão fortes, entes tão preciosos —
Sem nem te despedir? Eu te peço, não deixes
Que essa minha suspeita seja uma desonra,
É mais precaução. Talvez sejas mesmo justo,
Não importa o que eu pense.

MACDUFF Sangra, sangra, pobre país!
Monstra tirania, teu chão já está seguro,
O bem não ousa te conter. Desfruta teus crimes,
Teu título está firmado. Adeus, então, senhor.
Eu não seria a vil figura que tu pensas,
Nem por todo o domínio que o tirano oprime,
Nem mesmo pelo rico Oriente.

MALCOLM Não te ofendas.
Não é com medo absoluto de ti que falo.
É que agora o jugo já afunda este país;
Ele sangra, geme, há um golpe a cada dia
Abrindo mais fundo as feridas. Mas eu creio,
Punhos já se levantam em prol do meu direito;
E aqui da graciosa Inglaterra tive a oferta
De homens aos milhares. Mas, ainda assim,
Quando eu pisar o crânio daquele tirano
Ou espetá-lo na espada, o meu pobre país
Vai ter inda mais vícios do que teve antes,
Mais dores, e em formas cada vez mais várias,
Com esse novo rei.

MACDUFF De quem estás falando?

MALCOLM Refiro-me a mim mesmo, em quem reconheço
Os traços todos dos vícios tão enxertados
Que, quando vierem à luz, o tenebroso Macbeth

Vai parecer neve pura, e o pobre país
Verá nele um cordeiro, quando comparado
Aos meus infindos vícios.

MACDUFF Nem das legiões
Do hórrido inferno pode vir um cão tão vil
Em males que supere Macbeth.

MALCOLM Sim, ele é
Cruel, devasso, avaro, traiçoeiro e falso,
Brusco, pérfido, prenhe de todo pecado
Que tenha um nome. Mas não há limite algum
Na minha volúpia: vossas esposas e filhas,
Damas e criadas jamais preencheriam
O poço de minha cobiça, e a minha lascívia
Transporia todo entrave que se opusesse
À minha avidez. É melhor que Macbeth
Reine que alguém assim.

MACDUFF A ébria intemperança
No corpo é tirania! Gerou no passado
A precoce agonia dos viçosos tronos
E a queda de grandes reis. Não temas, porém,
Te apossar do que é teu. Poderás expandir
Teus gozos à vontade em largas profusões
E dar ares de casto. É só pôr uma máscara.
Temos muitas damas desejosas na Escócia.
Não há um abutre em ti capaz de devorar
Todas as que virão se entregar ao seu rei,
Ao vê-lo interessado.

MALCOLM Isso faz crescer
Na minha têmpera perversa uma avidez
Mas tão irrefreável que, se eu fosse rei,
Amputaria os nobres pra tomar-lhes as terras;
De um cobiçaria as joias, do outro, a casa,
E minha ganância seria como um tempero
A me atiçar a fome, e, tanto, que eu forjaria
Pleitos injustos contra os bons e mais leais,
Destruindo-os por suas posses.

MACDUFF Essa avidez
É mais profunda, tem raízes mais malignas
Que a tórrida lascívia — e foi sempre o punhal
Que matou nossos reis. Mas não temas. Na Escócia
Há safras opulentas pra suprir tua gula
Com aquilo que é teu. Tudo isso é passável
Levando em conta as graças que possuis.

MALCOLM Eu não tenho nenhuma.
Essas virtudes todas que convêm a um rei —
A justiça, a verdade, a calma, a temperança,
A largueza, a piedade, a humildade e o afinco,
Paciência e devoção, coragem e firmeza —,
Delas não tenho um traço, mas possuo às fartas
As variações todas dos crimes que pratico
Das mais várias maneiras. Possuísse poder,
Jogaria no inferno o leite da concórdia,
Turvaria a paz universal, destruindo
Toda a unidade na terra.

MACDUFF Oh, Escócia, oh, Escócia!

MALCOLM Se alguém assim é digno de governar, fale!
Eu sou o que falei.

MACDUFF Digno de governar?
Não, não, nem de viver. Oh, nação miserável!
Com um tirano espúrio, o cetro ensanguentado,
Quando é que verás de novo teus dias plenos,
Se, por arte da interdição dele, a legítima
Prole de teu trono se condena e blasfema
Contra a própria estirpe? Teu pai foi um bom rei,
Um homem santo. A rainha que te gerou,
Quase sempre de joelhos, mais que sobre os pés,
Morria a cada dia de sua vida. Adeus,
Todos esses vícios que tu insistes que tens
Me baniram da Escócia. Oh, coração, aqui
Termina tua esperança.

MALCOLM Essa nobre emoção,
Macduff, filha da lisura, limpou-me a alma

Dos receios sombrios, congraçando-me a mente
À tua honra e verdade. O demônio Macbeth,
Por artimanhas várias, tentou me aliciar
Ao seu poder, e não me permite o bom senso
Cair na crédula afoiteza. Que Deus no alto
Nos una em torno disso, pois agora mesmo
Eu me submeto ao teu comando, desmentindo
M'ia própria detração, e já abjuro as máculas,
As culpas que, estranhas à minha natureza,
A mim mesmo imputei. Eu ainda não fui
Tocado por mulher, e jamais perjurei,
E até mesmo o que é meu eu pouco cobicei,
Jamais feri a fé, sou incapaz de entregar
O demo aos seus asseclas, e amo a verdade
Ainda mais que a vida. O que eu disse agora,
Eu disse contra mim. O que sou na verdade
Entrego ao teu comando e ao meu pobre país,
Pra onde, antes mesmo de tua chegada aqui,
O velho Siward, co'uma tropa de dez mil,
Partiu, já prontos para a bélica contenda.
E vamos juntos, e que as chances do bem se igualem
À justeza da rixa. Mas por que silenciaste?
MACDUFF São coisas tão bem-vindas e malvindas, vindas
Ao mesmo tempo. Não é fácil conciliar.

Entra um médico.

MALCOLM Muito bem, falamos mais adiante.
Uma pergunta: o rei está vindo?
MÉDICO Sim, senhor,
Há uma multidão de almas desgraçadas
À espera de cura. O mal delas desafia
As artes medicais, mas, ao toque do rei,
Curam-se num instante, graças à imensa
Santidade que o céu outorgou à sua mão.
MALCOLM Eu agradeço, doutor.

MACDUFF Que doença é essa?
MALCOLM É chamada "Mal".
É muito milagroso o trabalho desse rei
Que com frequência, em minha estada na Inglaterra,
Eu pude presenciar. Como é que apela aos céus,
Só ele sabe. Pessoas com males graves,
Inchadas, ulcerosas, dignas de pena,
E que são desespero dos médicos, ele cura,
Pendendo junto aos colos uma peça de ouro,
Pronunciando uma prece piedosa; e dizem
Que transmite à linhagem régia sucessora
A bênção curativa. Essa virtude estranha,
Se duplica num divo dom de profecia,
E outras várias bênçãos pairam junto ao trono
Que expressam suas graças.

Entra Ross.

MACDUFF Veja quem está chegando.
MALCOLM É um patrício meu, mas não o reconheço.
MACDUFF Meu gentilíssimo primo, seja bem-vindo!
MALCOLM Agora o reconheço. Deus, remova rápido
Tudo o que nos torna estranhos um ao outro.
ROSS Senhor, amém.
MACDUFF E a quantas está a Escócia?
ROSS Ai de ti, pobre Escócia, que já quase teme
Se conhecer. Já não és mais nossa mãe,
E sim nosso sepulcro, onde ninguém mais, salvo
Quem não sabe de nada, é visto sorrindo;
Onde o pranto, os gritos, os urros que rasgam o ar
São surdos aos ouvidos. Onde a angústia atroz
É um torpor corriqueiro. Onde ninguém pergunta
Por quem o sino toca; onde os homens bons
Findam antes das flores que ornam seus chapéus
Antes de adoecer.
MACDUFF Oh, relato esmerado, e tão verdadeiro.

MALCOLM Qual é a nova desgraça?
ROSS A quem tem uma hora vai te custar uma vaia
Cada instante desova uma nova.
MACDUFF Como está minha esposa?
ROSS Está bem.
MACDUFF E as crianças?
ROSS Também estão bem.
MACDUFF O tirano então não perturbou sua paz?
ROSS Não, meu senhor, quando os deixei estavam em paz.
MACDUFF Não sejas avaro ao falar. Como as coisas andam?
ROSS Quando vim aqui transmitir essas notícias,
Que trouxe com pesar, escutei boatos
De amigos valorosos nossos em manobras,
Que, tudo indica, eram de primeira mão,
Pois avistei em marcha as forças do tirano.
É hora de ajudar. [*a Malcolm*] Tua presença na Escócia
Geraria soldados, faria as mulheres
Largarem as aflições.
MALCOLM Pelo conforto delas,
Nós já vamos partir. O devoto Eduardo
Já nos concede Siward e dez mil de seus homens.
Não há na cristandade um soldado melhor
E tão rescaldado.
ROSS Quem me dera aceder
Com um conforto igual. Mas eu tenho palavras
Que, se fossem uivadas no ar do deserto,
Ninguém as ouviria.
MACDUFF E do que se trata?
Da causa geral? Ou uma aflição que fere
Somente um coração?
ROSS Toda mente que é honesta
Compartilha a dor, embora a parte essencial
Somente a si pertença.
MACDUFF Se essa dor for minha,
Não a escondas de mim. Diz — e sem demora.
ROSS Que possa teu ouvido não me odiar pra sempre,

Pois eu o inundarei com o som mais pesaroso
Que jamais se escutou.
MACDUFF Ah! Eu já consigo ver.
ROSS Tomaram teu castelo; tua esposa, teus filhos
Foram massacrados. Falar como se deu
Seria sobre o ror das almas supliciadas
Aditar tua morte.
MALCOLM Oh, céus, misericórdia!
Não, amigo. Não escondas com o chapéu as lágrimas,
Dá voz à tua dor. O pesar que não fala
Pode insuflar o peito aflito até que estale.
MACDUFF Meus filhos também?
ROSS Filhos, mulher, servos, todos os que estavam lá.
MACDUFF Por que eu estava ausente! Minha mulher também?
ROSS Também.
MALCOLM Retoma a coragem:
Façamos da vingança um remédio eficaz
Que cure essa dor medonha.
MACDUFF Ele não tem filhos. Todos os meus filhos lindos?
Tu disseste *todos*? Abutre infernal! Todos?
Minhas crias queridas, ceifadas num só golpe
E junto com a mãe?
MALCOLM Enfrenta como um homem.
MACDUFF Sim, é o que farei,
Mas a mim também cabe sentir como um homem:
Como posso esquecer que aqueles seres eram
Meus bens mais preciosos? E os céus viram aquilo
E não fizeram nada? É tua culpa, Macduff,
Por ti foram golpeados. Miserável que sou,
Não é por falta deles, mas somente minha,
Que sobre suas almas tombou a chacina.
Que tenham agora o repouso dos céus.
MALCOLM Usa agora essa pedra pra afiar tua espada;
E faz com que teu luto se transforme em cólera,
Não embotes teu peito, inflama-o de raiva.
MACDUFF Poderia me fazer de mulher chorosa

E me gabar com frases. No entanto, céus piedosos,
Cessai todo o interstício. E ponde à minha frente
Esse demo escocês, colocai-o ao alcance
Da minha espada. Mas se ele escapar, que o céu
O perdoe também.

MALCOLM Eis um tom bem viril.
Vamos ao rei: as forças já estão preparadas,
Não nos falta senão partir. Macbeth está
Maduro pra cair, e as potências supremas
Já tomam suas armas. Contém tua agonia:
Longa é a noite que nunca encontra o dia.

Saem.

Ato V

CENA I

Entram um médico e uma dama de companhia.

MÉDICO Já são duas noites que velo aqui contigo, mas não vejo nenhuma verdade no teu relato. Quando foi a última vez que ela caminhou?

DAMA Desde que Sua Majestade partiu em campanha, eu a vi se levantar da cama, jogar o roupão nos ombros, destrancar a arca, tirar de lá um papel, dobrar, escrever nele e ler, e então voltar para a cama, ainda que durante todo esse tempo dormisse profundamente.

MÉDICO É uma anomalia da natureza receber ao mesmo tempo as benesses do sono e os efeitos da vigília. Nessa letárgica agitação, além dessas caminhadas e ações, por acaso a ouviste dizendo algo em algum momento?

DAMA Senhor, coisas que não poderia declarar.

MÉDICO Mas poderias para mim, e é conveniente que o faças.

DAMA Nem para o senhor, nem para ninguém, pois não há testemunha para confirmar meu relato.

Entra Lady Macbeth com uma vela.

Olha, ali vem ela. Do mesmo jeito que antes, e, por minha vida, profundamente adormecida. Observa… Fica escondido.

MÉDICO Onde ela achou aquela vela?

DAMA Ora, estava perto dela. Tem sempre uma vela acesa perto. São ordens dela.

MÉDICO Vês? Os olhos estão abertos.

DAMA Sim, mas os sentidos estão fechados.

MÉDICO Mas o que ela está fazendo? Olha, está esfregando as mãos.

DAMA Ela faz isso sempre, como se estivesse lavando as mãos. Já a vi fazendo isso sem parar por um quarto de hora.

LADY Ainda tem uma mancha aqui.

MÉDICO Escuta, está falando. Vou anotar tudo o que ela diz, para reforçar minha memória.

LADY Sai, mácula maldita! Sai, é uma ordem. Uma, duas... Então está na hora de agir. O inferno é tenebroso. Vergonha, vergonha, senhor, tu, soldado — amedrontado? Por que temos de temer? Quem é que vai saber, se ninguém pode questionar nosso poder? Quem teria pensado que o velho tinha tanto sangue dentro dele?

MÉDICO Estás ouvindo isso?

LADY O *thane* de Fife tinha uma esposa: e agora, onde está ela? — Quê! Essas mãos não vão ficar nunca limpas? — Basta, meu senhor, basta: vais estragar tudo com esses sobressaltos.

MÉDICO Ora, ora: tu sabias de coisas que não devias.

DAMA Ela disse coisas que não devia, disso estou certa: só os céus sabem o que ela sabe.

LADY Ainda esse cheiro de sangue. Nem todos os bálsamos da Arábia conseguiriam perfumar essa mão tão pequenina. Oh, oh, oh.

MÉDICO Que suspiro esse. O coração está pesado de tanta dor.

DAMA Não teria um coração assim no peito, nem pela honra de todo o meu corpo.

MÉDICO Ora, ora, ora...

DAMA Que Deus assim queira, senhor —

MÉDICO Essa doença está além de minha ciência: mas conheci pessoas que caminhavam durante o sono e que morreram santamente em suas camas.

LADY Lava tuas mãos, veste tua camisola, não fiques tão pálido. Repito: Banquo já foi enterrado; não pode voltar do túmulo.

MÉDICO Mais isso ainda!

LADY Para a cama, para a cama: estão batendo no portão. Vem, vem, vem, vem, dá-me tua mão. O que foi feito não pode ser desfeito. Para a cama, para a cama, para a cama.

Sai Lady Macbeth.

MÉDICO E agora? Aonde ela vai, pra cama?

DAMA Diretamente.

MÉDICO Há boatos vis no ar; ações contra a natura
Geram surtos anômalos. Mentes infectas
Dirão seus segredos aos surdos travesseiros.
Ela requer um médium, bem mais do que um médico.
Deus, Deus, nos dê perdão. E tu, cuida dela,
Não a deixes tocar o que a possa lesar,
Vigia-a todo o tempo. Agora boa noite,
Ela aturdiu-me a mente e me assombrou o olhar.
Penso, não ouso falar.

DAMA Doutor, boa noite.

Saem.

Ato V

CENA II

Tambor e cores. Entram Menteith, Caithness, Angus, Lennox, soldados.

MENTEITH A tropa inglesa já está perto, liderada
Por Malcolm, seu tio Siward e o bom Macduff.
A vingança os inflama, pois suas santas causas
Podem incitar até o moribundo ao sangue
E ao alarido brutal.
ANGUS Eles foram a caminho
Do bosque de Birnam. Vamos lá encontrá-los.
CAITHNESS Alguém sabe se Donalbain está com o irmão?
LENNOX Por certo não está, senhor. Tenho uma lista
De toda a elite. Está lá o filho de Siward,
E muitos jovens imberbes que hoje pleiteiam
As primícias de sua virilidade.
MENTEITH O que o tirano está fazendo?
CAITHNESS Fortificando com pujança Dunsinane.
Uns dizem que está louco, e os que o detestam menos
Dizem que aquilo é fúria heroica. Mas por certo
Não consegue prender sua causa desmedida
Na cinta da razão.
ANGUS Agora está sentindo
Sua chacina secreta grudando nas mãos,
Todo instante motins censuram sua perfídia;
Os comandados seus só agem pelo mando,

Jamais por amor. Ele sente que seu título,
Essa veste de gigante, é larga demais
Pra seu corpo de anão.

MENTEITH Quem o culparia,
Se seus sentidos torvos tremem e recuam,
Quando tudo em seu cerne condena a si mesmo
Por estar aqui?

CAITHNESS Muito bem, vamos marchar,
Prestar obediência àquele que a merece.
Buscar medicação para o enfermiço Estado,
E com ele vertamos cada gota nossa
Pra purgar o país.

LENNOX Ou o quanto precisar
Para a flor régia regar e as ervas extirpar.
Vamos, agora, todos em marcha para Birnam.

Saem marchando.

Ato V

CENA III

Entram Macbeth, médico e acompanhantes.

MACBETH Basta de relatos, deixa todos fugirem!
Até que o bosque Birnam chegue a Dunsinane,
Não terei medo. Quem é Malcolm, esse rapaz?
Não nasceu de mulher? Os espíritos que sabem
De todo o devir dos mortais proclamaram:
"Não temas, Macbeth, jamais homem algum nascido
De mulher há de te sujeitar". Então, fugi,
Nobres falsos, mesclai-vos aos ingleses lúbricos.
Minha mente, meu coração nunca serão
Barrados pelo medo, pela hesitação.

Entra servidor.

Que o diabo te carregue, trouxa esbranquiçado.
Donde vem essa cara de ganso acuado?
SERVIDOR Há dez mil...
MACBETH Gansos, pirralho?
SERVIDOR Soldados, senhor.
MACBETH Vai, arranha esse rosto, disfarça esse medo.
Fedelho tripa-frouxa. Que soldados, trouxa?
Morra a tua alma, essa tua cara pardacenta
Espraia medo. Que soldados, cara pálida?
SERVIDOR As forças inglesas, meu senhor.

MACBETH Vai, some, já!

Sai servidor.

Seyton, me abala o coração
Quando contemplo — Seyton, me ouves? — Esse ataque
Vai me alegrar pra sempre ou me depor agora.
Já vivi o bastante. O meu modo de vida
Encontrou a aridez, a folha ressequida,
E o que deveria acompanhar a velhice,
Honra, amor, obediência, legiões de amigos
Já não espero. Ficam as pragas proferidas,
Surdas, mas profundas, as loas dos capachos,
Que o pobre coração amaria negar,
Mas não ousa. Seyton?

Entra Seyton.

SEYTON O que deseja Vossa Graça?
MACBETH Há mais notícias?
SEYTON Meu senhor, estão confirmados os relatos.
MACBETH Lutarei até que meus ossos saltem da carne.
Onde está a armadura?
SEYTON Não é preciso ainda.
MACBETH Eu vou vesti-la.
Mandai mais cavaleiros, patrulhai o país,
Enforcai quem falar de medo. A armadura!
Doutor: como está a paciente?
MÉDICO Meu senhor,
Não tão doente, mas cheia de fantasias
Que lhe perturbam o sono
MACBETH Doutor, cura-a disso.
Não consegues tratar uma mente doente,
Extirpar da memória uma aflição tão funda,
Apagar as angústias escritas no cérebro
E usando um antídoto doce, esquecidiço

Livrar o peito farto dessa massa mórbida
Que oprime o coração?

MÉDICO Bem, em casos assim,
O próprio paciente deve se medicar.

MACBETH Pros cães, tua medicina! Não me serve pra nada!
Veste-me a couraça! Traz minha lança. Seyton,
Os cavalos! Doutor, os *thanes* fogem de mim —
Senhor, rápido! Doutor, se pudesses testar
A urina desta terra, achar sua doença,
Purgá-la até a mais firme e pristina saúde,
Eu te aplaudiria até que os próprios ecos
Aplaudissem também. Eu ordeno, faz isso.
Que ruibarbo, sena, que droga purgativa
Expulsaria daqui esses ingleses? Ouviste
Algo sobre eles?

MÉDICO Sim, meu senhor, os seus régios preparativos
Nos fazem ouvir algo.

MACBETH Traz aqui e me segue.
Não temerei nem morte, nem devir além,
Até que o bosque Birnam chegue a Dunsinane.

Saem todos, exceto o médico.

MÉDICO Se de Dunsinane estivesse longe e liberto,
Ganho algum me traria de volta por certo.

Sai.

Ato V

CENA IV

Tambores e bandeiras. Entram Malcolm, Siward, Macduff, o filho de Siward, Menteith, Caithness, Angus e soldados, marchando.

MALCOLM Primos, espero que estejam próximos os dias
Em que os lares serão seguros.
MENTEITH Estamos certos.
SIWARD Que bosque é esse à nossa frente?
MENTEITH É o bosque Birnam.
MALCOLM Que cada homem corte para si um galho
E o traga à sua frente. Assim ocultaremos
O tamanho das tropas e faremos que errem
Nas estimativas.
SOLDADO Será feito, senhor.
SIWARD O que se sabe é que o tirano, confiante,
Está em Dunsinane — firme — e vai resistir
Ao nosso cerco.
MALCOLM É sua esperança maior,
Pois onde há alguma chance a ser oferecida
Os nobres e os comuns lhe ofertaram a revolta,
E os que o servem são seres pobres forçados
Que agem sem coração.
MACDUFF Deixemos para depois
Do evento nosso parecer e por ora sejamos
Diligentes soldados.

SIWARD O tempo se aproxima,
O que nos fará saber inquestionavelmente
O que temos no entono e o que temos na essência.
As teses nos imbuem de incertas esperanças,
Mas só no embate duro a verdade se afiança.
E vamos a ela — por meio da guerra.

Saem marchando.

Ato V

CENA V

Entram Macbeth, Seyton e soldados com tambores e bandeiras.

MACBETH Erguei os pavilhões nas muralhas externas:
Há gritos: "Já chegaram". A força desses muros
Zombará desse cerco. Que eles fiquem aqui,
Até que a fome e a febre os aniquilem todos!
Não tivessem as tropas que eram pra ser nossas,
Nós os enfrentaríamos, homem contra homem,
Fazendo-os fugir em busca de guarida.

De dentro, gritos de mulheres.

Que barulho é esse?
SEYTON São mulheres gritando.
MACBETH Eu quase já esqueci qual é o sabor do medo.
Quando outrora de noite eu escutava gritos,
Os meus sentidos todos se arrepiavam;
Ouvia uma história tétrica, e os meus cabelos
Se eriçavam e erguiam como coisas vivas;
Eu já estou recheado de horrores: e o pavor,
Já afeito às minhas elucubrações facínoras,
Não me faz nem piscar. Mas que grito foi esse?
SEYTON A rainha, senhor, está morta.
MACBETH Ela haveria de morrer um dia;
E uma tal palavra teria de ser dita.

Amanhã, amanhã, amanhã
Se arrasta, dia a dia, em passo parco e lento,
Até a última sílaba transcrita no tempo;
E nossos ontens todos alumbraram os tolos
Na senda rumo ao pó. Vai, apaga, vela breve!
A vida é só uma sombra móvel, um pobre ator
Que brame e trombeteia o seu papel no palco,
E logo sai de cena. É um conto tonto dito
Por um idiota, repleto de som e fúria,
Significando nada.

Entra mensageiro.

Vens para usar a língua: tuas notícias, rápido!
MENSAGEIRO Gracioso senhor,
Devia relatar o que afirmo que vi,
Mas não sei como fazê-lo.
MACBETH Vamos, fala, homem.
MENSAGEIRO Estava de vigia no alto de um morro
Olhando para Birman, quando observei
Que o bosque se movia.
MACBETH Estás mentindo, escravo!
MENSAGEIRO Que eu sofra a vossa fúria se não for verdade.
A três milhas daqui verás que se aproxima.
Garanto: é um bosque em movimento.
MACBETH Se estiveres mentindo,
Eu vou te pendurar na árvore mais próxima
Até a fome te secar. Se for verdade,
Não me importo que faças o mesmo comigo.
Refreio meu intento e começo a descrer
Dos equívocos que o demo diz como verdade:
"Não temas, Macbeth, até que o bosque Birnam
Vá rumo a Dunsinane", e agora uma floresta
De fato vem a Dunsinane. Às armas, vamos!
Se isso que ele alega vier mesmo à tona,
Não há como escapar, não há como ficar.

Começo a me cansar da luz do sol,
E desejo que o estado do mundo se extinga.
Tocai o alarme. Vinde, ventos e desgraças,
Ao menos morreremos com armas e couraças.

Saem.

Ato V

CENA VI

Tambores e bandeiras. Entram Malcolm, Siward, Macduff e seu exército camuflado com galhos.

MALCOLM Já estamos mais perto. Jogai os galhos no chão
E revelai quem sois. E tu, meu bravo tio,
Tu vais, com meu primo, teu nobre e reto filho,
Liderar o embate inicial. Quanto a nós
E o bravo Macduff, seguindo a nossa ordem,
Faremos o restante que houver por fazer.
SIWARD Adeus.
Se esta noite toparmos co'as forças do tirano,
Que nos venha a derrota se nos faltar o ânimo.
MACDUFF Que falem as trombetas com sopro bem forte,
Estrondosas arautas do sangue e da morte.

Saem. Trombetas tocando.

Ato V

CENA VII

Entra Macbeth.

MACBETH Me atacam numa estaca, não posso fugir.
Mas tenho de afrontar esses cães como um urso.
Quem é ele que não nasceu de uma mulher?
Só alguém assim devo temer, mais ninguém.

Entra o jovem Siward.

JOVEM SIWARD Qual é o teu nome?
MACBETH Só de saber tremerás.
JOVEM SIWARD Não, nem que teu nome seja mais horrendo
Que o de todos no inferno.
MACBETH Meu nome é Macbeth.
JOVEM SIWARD Nem o próprio demo pronunciaria um título
Mais odioso ao meu ouvido.
MACBETH Nem mais terrível.
JOVEM SIWARD Tu mentes, tirano imundo; com minha espada
Provarei tua mentira.

Lutam, e o jovem Siward é morto.

MACBETH Tu és nascido de mulher.
E eu, eu zombo e rio das espadas e das armas
Brandidas por homem nascido de mulher.

Sai.

Alarme. Entra Macduff.

MACDUFF O alarde vem dali. Tirano, mostra o rosto,
Se fores morto, e sem nenhum dos meus golpes,
As sombras de meus filhos e de minha mulher
Me assombrarão para sempre. Não quero golpear
Pobres mercenários cujos braços são pagos
Para portar porretes. Ou és tu, Macbeth,
Ou esta minha espada, a lâmina intacta,
Volta limpa pra bainha. Estás por aqui,
Pelo escarcéu à frente parece que aclamam
Alguém de grande monta. Põe-me à tua frente,
Fortuna, e mais eu não te peço!

Alaridos. Entram Malcolm e Siward.

SIWARD Por aqui, senhor.
O castelo foi rendido sem resistência.
A malta do tirano se bate dos dois lados;
Os nobres barões lutam a guerra com bravura;
E o dia, parece lhe pertencer, senhor,
Resta pouco a fazer.

MALCOLM Tivemos inimigos
Que brigaram ao nosso lado.

SIWARD Senhor, entra no castelo.

Saem.

Ato V

CENA VIII

Alarido. Entra Macbeth.

MACBETH Por que devo encarnar um imbecil romano
E me autoimolar? Enquanto vejo vidas,
Ficam melhor nelas as feridas.

Entra Macduff.

MACDUFF Vira-te, cão infernal — vira-te!
MACBETH Eu te evitei dentre todos os outros homens!
Para trás, minha alma já está encharcada
Co'o sangue da tua gente!
MACDUFF Não te direi nada,
Minha voz está na espada, vilão sanguinário,
Monstro inominável!

Luta. Alarido.

MACBETH Mas quanto esforço vão!
É mais fácil que firas com o fio de tua espada
O ar inviolável do que me faças sangrar!
Golpeia com tua lâmina os vulneráveis elmos;
Eu possuo um encanto que me torna imune
A quem nasceu de mulher.
MACDUFF Não te fies nele,

Deixa apenas que o anjo que sempre serviste
Te diga que Macduff foi tirado do útero
De sua mãe já morta.

MACBETH Maldita seja a língua que isso pronuncia,
Pois ela intimidou minha parte mais viril!
Que não se creia mais nesses diabos farsantes
Que nos burlam com ditos de duplo sentido,
Que instilam em nosso ouvido doces promissões
Pra depois frustrá-las. Não vou lutar contigo.

MACDUFF Então te entrega, covarde, e vive pra ser
O exemplo e o espetáculo deste nosso tempo.
Tu vais ser, como o são os monstros mais insólitos,
Retratado num poste com esta inscrição:
Eis aqui o tirano.

MACBETH Não vou me entregar
Para beijar o solo aos pés do jovem Malcolm,
Nem vou sofrer as pragas da turba execranda.
Inda que Birnam tenha vindo a Dunsinane,
E que tu não tenhas nascido de mulher,
Vou mesmo assim até o fim. Eu jogo fora
Meu escudo marcial. A postos, Macduff,
E maldito seja quem gritar: "Parai, basta!".

Saem lutando. Alaridos.
Entram lutando, e Macbeth é morto.

Ato V

CENA IX

Toque de cessar combate. Entram, com tambores tocando e bandeiras, Malcolm, Siward, Ross, thanes *e soldados.*

MALCOLM Queria aqui a salvo os amigos ausentes.
SIWARD Alguns devem partir; porém, pelos que vejo,
Não foi custoso o preço deste grande dia.
MALCOLM Macduff está ausente, bem como seu nobre filho.
ROSS Teu filho, senhor, pagou com valor sua dívida:
Manteve-se na vida até tornar-se homem
E dar comprovação de sua grande destreza,
Mas morreu como um homem.
SIWARD Então foi morto?
ROSS Sim, e resgatado do campo. A tua dor
Não deve ser medida pelo valor de teu filho,
Pois não teria fim.
SIWARD Foi ferido no peito?
ROSS Sim, no peito.
SIWARD Então é um soldado de Deus.
Tivesse eu tantos filhos quanto tenho cabelos,
Não lhes desejaria uma morte mais bela.
Seu sino tocou.
MALCOLM Ele merece lágrimas,
E isso eu lhe darei.
SIWARD E não merece mais,

Pois contam que morreu bem, pagou seus encargos,
Que Deus o leve. Vem ali um novo consolo!

Entra Macduff com a cabeça de Macbeth.

MACDUFF Salve rei, pois tal é o teu nome. Vês
Onde pende a horrenda cabeça do tirano?
Nosso tempo está livre. Vejo-te cercado
Das joias do teu reino que ecoam nas mentes
A minha saudação. Suas vozes, eu as quero
Ressoando com a minha. Salve, rei da Escócia.
TODOS Salve, rei da Escócia.

Trombetas.

MALCOLM Não vamos despender grandes tomos de tempo
Antes de fazer jus ao vosso vário amor
E a vós retribuir. Meus *thanes* e meus parentes,
Vós sois agora condes, os primeiros na Escócia
Honrados nesse nome. Agora o restante,
Os grãos a ser plantados neste novo tempo:
Iremos conclamar os amigos no exílio
Que escaparam à vil vigilância tirânica,
Conduzir à justiça os ministros cruéis
Do carniceiro vil, e sua mulher possuída
Que, ouvi dizer, tirou a própria vida
Com as próprias mãos. Isso e o necessário
Que requer nossa ação, pela graça de Deus,
Faremos na medida, no tempo e lugar.
Somos gratos a todos os que aqui estão;
Que vinde a Scone para nossa coroação.

Floreios.
Saem todos.

Posfácio

Entram Middleton e Hécate: Encontrando Shakespeare em *Macbeth* (1616-23)

RÉGIS AUGUSTUS BARS CLOSEL

I. INTRODUÇÃO

Quando um leitor se acomoda em sua cadeira, com música suave e — quem sabe — um animal de estimação por perto, ele raramente se detém no percurso que o levou até o texto que repousa em suas mãos. A estabilidade de um livro impresso dissimula uma trajetória feita por manuscritos, correções e revisões. Uma vez concluída a leitura, nossa imaginação associa o objeto aos impressionantes acontecimentos e personagens da trama. *Macbeth* (1606) certamente nos fascina por seu enredo, por seu protagonista ora vacilante, ora resoluto, e pelas figuras que influenciam suas escolhas e interferem na forma como compreende o mundo. Entretanto, não é apenas o enredo estruturado nos pentâmetros de Shakespeare que torna a peça um objeto de ponderação sobre os possíveis agentes externos. Além da plausível influência de Lady Macbeth e das "irmãs fatídicas" (*weird sisters*) dentro da ação, há, na história editorial da peça, uma série de elementos que contribuíram para a forma que *Macbeth* assumiu na versão que conhecemos hoje.

O consenso crítico aponta a data de 1606 para a sua redação, mas ela só veio a ser impressa em 1623, com a publicação do *Primeiro fólio* das obras de Shakespeare. É através dessa coletânea que os leitores conheceram dezoito peças até então inéditas, não publicadas nem durante a carreira ativa do dramaturgo em Londres, nem após sua morte, em 1616.[1] Alguns dos títulos inclusos no *Fólio* geraram novas versões, como é o caso de *Rei Lear*, cujas duas edições divergem substancialmente: uma no próprio *Fólio* e outra em um in-quarto já em circulação desde 1608.

A tragédia de *Macbeth* também passou por transformações desde sua redação inicial até chegar à versão que conhecemos, mas não existem outras edições disponíveis para tecer uma razoável sequência de eventos. Contudo, a versão existente, também por consenso crítico, apresenta indícios do que pode ser a primeira adaptação de um texto shakespeariano, envolvendo seu colega Thomas Middleton (1580-1627) nas cenas musicais com Hécate (III.5 e IV.1). Nas próximas páginas, examino o percurso desses dois agentes — o histórico Middleton e a mitológica Hécate — que, por um lado, lançam luz sobre os modos de criação e preservação do repertório da King's Men, e, por outro, revelam como essas intervenções reverberam na leitura dos acontecimentos, no sentido da tragédia e nas múltiplas interpretações possíveis por parte do leitor.

II. ENTRA MIDDLETON

Em 1608, dois anos após a redação de *Macbeth*, a companhia da qual Shakespeare era sócio e o principal dramaturgo, a King's Men, passou a usar um novo teatro, o Blackfriars; por algum motivo, durante essa expansão, interrompeu-se a disponibilização dos novos títulos para as prensas. Só ocorriam impressões daqueles textos que já estavam em circulação havia algum tempo, enquanto os mais recentes só viriam a aparecer no *Fólio* de 1623.[2] Em geral, a decisão sobre o manejo das obras cabia à companhia, e não ao dramaturgo, pois as peças pertenciam aos grupos teatrais que as encenavam.[3] Uma vez concluído e pago o serviço, o dramaturgo se desvinculava do produto, tanto na atribuição de direitos quanto na obtenção de lucros. Portanto, o título, agora dentro do repertório, podia ser revisado pela companhia e adequado às novas condições e montagens. É comum o uso do termo "adição" para algo incluído em um texto e do termo "mãos" para designar os agentes autorais. Registros documentados dessas práticas e dos pagamentos feitos aos envolvidos estão disponíveis no *Diário de Henslowe*,[4] que nos serve de parâmetro para as companhias do período. Além disso, o revisor ou aquele responsável por uma adição não precisava ter participado da redação original.[5] Textos com mais de uma mão, seja por revisão ou por escrita colaborativa, eram o padrão para a distribuição autoral da composição dramática.[6] Shakespeare possui exemplos dessa natureza em toda a sua carreira.[7] As evidências disponíveis indicam que uma obra dramática podia receber adições para uma nova cena, um prólogo ou um epílogo, a fim de atender a uma montagem na corte, ou mesmo sofrer reduções ou extensões para determinada ocasião. Entre as razões para isso ocorrer por outra mão está a ausência do autor original.

Após a morte de Shakespeare em abril de 1616, suas obras continuaram a ser utilizadas dentro do repertório da companhia na qual trabalhara por décadas. Foi possivelmente em agosto desse ano, portanto — uma década após a composição de *Macbeth* —, que seu colega de profissão londrino, Thomas Middleton (1580-1627),[8] compôs uma tragicomédia para a King's Men que recorre à bruxaria, chamada *The Witch* [A bruxa] (1616), destinada ao Blackfriars Theatre.[9] Desde 1603, Middleton estava efetivamente trabalhando para a companhia e obtendo sucesso com alguns de seus títulos cômicos e trágicos. Alguns deles ecoavam temáticas trabalhadas por Shakespeare (e vice-versa).[10] Ambos também escreveram colaborativamente *Tímon de Atenas* (1607). No entanto, *The Witch*, que envolve a participação fantasiosa de Hécate (uma entidade e autoridade do mundo noturno), não obteve sucesso e não foi bem recebida pelo público. Esse foi o momento, após o fracasso de sua peça e a morte de Shakespeare, que tanto Middleton quanto Hécate cruzam com o texto e o enredo de *Macbeth*, adentrando outro domínio.[11] Esses dois elementos, o dramaturgo londrino e a rainha das bruxas, conectam *Macbeth* a *The Witch*.

Sabemos que Middleton elaborou para a King's Men, por volta de 1616, ou pouco antes disso, duas canções que são parte do texto de *The Witch*. A impressão de 1623 de *Macbeth* apresenta duas rubricas em cenas distintas, a III.5 e IV.1, que envolvem Hécate e as "irmãs fatídicas" (*weird sisters*) e remetem diretamente às canções que se encontram em *The Witch*. A primeira é indicada por "*Come away, come away, etc.*" (III.5.38), a segunda, por "*Black Spirits etc.*" (IV.1., na rubrica).[12] O sinal "*etc.*" funciona como marcação extratextual, assinalando um elemento cênico ausente no texto, geralmente derivado de outro documento do repertório. Nesse caso, são chamadas para as duas partes musicais, sinalizadas de forma abreviada, a fim de evitar a reprodução integral da letra.[13] *Macbeth*, portanto, incorpora material previamente adquirido pela companhia, um recurso compartilhado entre os dois títulos.

Ao longo do tempo, percebe-se que o texto permaneceu com as duas canções e as revisões de Middleton nas reimpressões de *Macbeth* que sucedem ao primeiro texto impresso de 1623, bem como nas impressões do *Fólio* nas décadas seguintes. Durante o período da Restauração, isto é, após 1660, e em boa parte do século XVIII, a musicalidade de *Macbeth* tornou-se muito popular e apreciada por seus espectadores e comentadores, ganhando até mesmo uma terceira canção, criada e adicionada às montagens nessa época.[14] Isso sugere que, embora as canções middletonianas constituam uma adição, são tratadas como parte da peça produzida e mantida pela King's Men. Mais de um século depois, em 1790, o paralelo entre os dois títulos, *The Witch* e *Macbeth*, foi percebido pela primeira vez, mas somente em 1869 é que se propôs a sugestão de adaptação por editores da *Oxford Shakespeare*. Finalmente, a partir de 1986, após mais de um século, as edições completas passaram a indicar que *Macbeth* é um *texto adaptado*; em outras palavras, reconhecem que a tragédia, na versão conhecida, não é inteiramente de autoria de Shakespeare, mas algo naturalmente transformado no percurso de vida do texto dramático dentro de sua companhia. Do outro lado da questão, as obras reunidas de Thomas Middleton, como o *Oxford Middleton* de 2007, passaram a incluir integralmente não somente a tragédia escocesa, mas *Medida por medida*, que teria passado por um processo de adaptação semelhante ao que aconteceu com *Macbeth*. Alguns textos, portanto, colaborativos por natureza por contemplarem punhos distintos, coexistem em cânones igualmente distintos.[15] A presença tanto de Middleton, na condição de revisor ou adaptador de um texto existente, como de uma personagem nova, Hécate — já evocada por Shakespeare como entidade noturna na cena II.1.53-4 —,[16] é um fenômeno plenamente normal nas práticas autorais e na manutenção textual das companhias. Não há nada de controverso ou desafiante se Shakespeare não for responsável pelo tom das cenas mais espetaculares desse enredo. Uma vez que ambos estão integrados ao texto, podemos passar a outros questionamentos, que transitam da história do livro ao enredo, examinando como inevitavelmente se inter-relacionam, e quais podem ter sido as razões para a adaptação do texto e das "irmãs fatídicas".

III. ENTRA HÉCATE

A questão da coautoria em *Macbeth* diz respeito aos momentos ou passagens que apresentam o universo "paralelo" (III.5 e IV.1), de natureza sugestivamente sobrenatural, das bruxas e que remetem, por conexão musical e por outros elementos — que veremos abaixo —, à peça de Middleton, *The Witch*. Hécate é a principal intervenção, transformando uma alusão a uma entidade mágica em personagem real, que interage com outras já estabelecidas. O dramaturgo londrino, portanto, trabalhou dentro do universo de referências já disponíveis na versão do falecido colega. Quando se observam o enredo e a caracterização de Hécate e das demais personagens do texto middletoniano, percebe-se que as conexões se limitam a essa repetição de personagens e canções, pois tanto a trajetória de ação quanto o papel dado à personagem presente em *Macbeth* são completamente distintos. A linguagem geral das duas obras e o tom das cenas com passagens musicais apresentam diferenças. Mesmo quando olhamos atentamente somente para as quatro ocasiões com bruxas em *Macbeth*, suas distinções também se tornam facilmente contrastáveis ao alternarmos entre aquelas do ato inicial, I.1 e I.3, redigidas por Shakespeare, das encontradas mais tarde e já adaptadas por Middleton — as *performáticas* III.5 e IV.1. Isto é, os momentos de Hécate diferem nos dois textos, assim como se distinguem os dois conjuntos de cenas que compõem o mundo sobrenatural em *Macbeth*.

Hécate é uma personagem em comum entre essa dupla de cenas (III.5 e IV.1) e *The Witch*. Segundo Gary Taylor, ela pode ser considerada alguém semelhante às entidades mágicas ou sobrenaturais que aparecem em Shakespeare. Contudo, nenhuma dessas recorre a um meio de expressão lírica tão incomum quanto o *tetrâmetro iâmbico rimado* combinado a pentâmetros iâmbicos rimados, um traço observado nas duas sequências em que a autoridade das bruxas entra em cena, III.5 e IV.1. O emprego desse recurso poético se dá de forma semelhante à Hécate de *The Witch* e outras personalidades incomuns compostas pelo mesmo Middleton, a saber: Hymen, em *Women Beware Women* (1621); Succubus, em *A Mad World My Masters* (1605); Levity, em *Honourable Entertainments* (1620-1); Error, em "Triumphs of Truth" (1613); e Raynuph, em *Hengist* (1620). Tanto o uso de tetrâmetros iâmbicos rimados quanto a sua mesclagem com pentâmetros são recursos presentes em ambas as passagens de *Macbeth* e amplamente representados no cânone middletoniano, mas praticamente ausentes no shakespeariano.[17] Vale lembrar que as "Hécates", embora possuam nome idêntico nos dois textos, não desempenham funções nem apresentam caracterizações equivalentes, o que faz sentido quando se considera que se trata de enredos distintos e de "duas Hécates" que compartilham a mesma gênese poética, mas diferem quanto ao universo ficcional em que atuam.

Além do compartilhamento de personagem, há também, já na primeira dessas cenas de *Macbeth* (III.5), uma curiosa rubrica que sinaliza a entrada de um personagem que se encontra com outro, possivelmente indicando uma entrada dupla ou por portas distintas.

> *Thunder. Enter the three Witches* [or *Spirits*], *meeting* HECATE.
>
> *Trovão. Entram as três bruxas, encontram Hécate.* (III.5, na rubrica)[18]

A fórmula da rubrica acima ("*Entra* alguém *encontrando* outrem") pode ser pesquisada nos textos do período para identificar se essa ambiguidade é algo comum ao momento — se foi usada por muitos dramaturgos — ou se se trata de uma idiossincrasia, uma marca particular de determinado autor. Após concluir essa pesquisa e analisar os resultados, Roger Holdsworth aponta que a sequência ocorre em dez peças de Middleton, totalizando quinze ocorrências dessa composição, enquanto existem mais catorze exemplos espalhados em outros catorze títulos distintos de um total de 637 obras de autores diferentes dentro do período relevante. O dramaturgo londrino também foi o único escritor a empregar o recurso repetidamente. Embora um resultado em Shakespeare ocorra em *Tímon*, ele está na porção atribuída ao colega londrino. *Macbeth* e *Tímon* ainda compartilham outra rara sinalização de uma entrada de personagem "*with attendants*" [com seguidores].[19]

> *Alarum within.* ***Enter*** *King, Malcolm, Donaldbane, Lennox,* ***with attendants, meeting*** *a bleeding Captain.*

> *Alarido vindo de dentro.* **Entram** *Duncan, Malcolm, Donalbain, Lennox,* **com seguidores, encontrando-se** *com um capitão sangrando.*
> (*Macbeth*, 1.2, rubrica, meu destaque)
>
> ***Enter*** *three Senator at one door,* ***Alcebiades meeting them, with attendants.***
>
> *Três senadores* ***entram*** *por uma porta,* ***encontrando-se com*** *Alcebíades,* ***com seguidores.***
> (*Tímon*, 10, 3.6, rubrica, meu destaque)
>
> ***Enter*** *Varro's two servants* ***meeting others,*** *all [servants of] Timon's creditors, to wait for his coming out. Then enter [Servants of] Lucius, [Titus], and Hortensius.*
>
> *Dois servidores de Varro* ***entram, encontrando-se com outros [servos dos]*** *credores de Tímon, que o aguardam sair. Na sequência, servidores de Lúcio, [Titus] e Hortêncio entram.*
> (*Tímon*, 8, 3.4, rubrica, meu destaque)

Considerando, então, as canções compartilhadas, a disposição poética dos seres espetaculares e as rubricas ambíguas, vale perguntar quais foram as razões para a mudança do texto nesses trechos. Stephen Orgel apresenta uma justificativa contextual. Talvez sua inclusão se deva à popularidade, na década de 1610, de assuntos como a magia, o demoníaco e a bruxaria no teatro —[20] assuntos que também eram de grande interesse ao monarca reinante, James I. Expandir as cenas associadas a esses tópicos por meio de Hécate é um caminho aceitável para a renovação da obra. Além do tema, o local da encenação pode ter tido influência também. A adaptação pode estar relacionada à encenação de *Macbeth* para a corte ou mesmo ser um sintoma da sua influência no mundo teatral. No início do século XVII, um gênero performático se popularizou nos palácios, a *masque* (mascarada), um espetáculo musical e visual produzido para cortesãos e frequentemente por eles encenado. Ben Jonson e Middleton foram dramaturgos envolvidos nesse entretenimento emergente.[21] As mudanças, que acrescentaram diversos elementos musicais e visuais, podem ter sido inspiradas por essa prática.[22] A cena III.5, de tom explicitamente mágico e sobrenatural, além de visual e performática, insere Hécate na história — que até então era mencionada apenas como uma entidade externa —, e amplia o universo das três irmãs fatídicas. Trata-se de uma cena completamente nova, que antecipa os eventos da IV.1 revisada.

Críticos que estudaram o trabalho da King's Men na corte inglesa, como Richard Dutton e Alvin Kernan, sugerem que o espetacular evento da cena IV.1 — a parada de oito reis escoceses — seja interpretado considerando a presença de James I na plateia para uma encenação na corte. O monarca, que também era rei da Escócia, considerava-se descendente de Banquo.[23] Dutton conclui, ademais, que o tamanho do texto sobrevivente — mais curto e sintético — indica que a versão conhecida da tragédia não era exatamente direcionada para o teatro de corte, mas sim para o teatro privado Blackfriars, onde cenas noturnas e musicais funcionavam melhor que no Globe.[24] Para Stephen Orgel, o que conhecemos é uma anomalia, preparada para uma única ocasião, diferente da obra regular do repertório, que era oferecida ao público pagante.[25] Seja qual for a origem dessas mudanças, espaciais ou temáticas, o texto parece combinar momentos distintos de sua trajetória, que podem ter efeitos no tom geral das alterações ou das cenas. A progressão durante a atuação, na corte ou no Blackfriars, certamente tinha maior duração e valorizava os elementos visuais, conforme as condições disponíveis. Na revisão, a música encerra a participação de Hécate, enquanto no original provavelmente a abrupta saída das "irmãs fatídicas" em IV.1 ecoa o mesmo sentimento do encontro interrompido em I.3, quando as primeiras profecias são reveladas. Infelizmente, faltam registros de uma performance no Blackfriars ou na corte, embora seja provável que esta última tenha sediado uma variante estendida e distinta da versão sobrevivente, para a família real. A cena IV.I provavelmente existia em uma versão anterior, na qual são ditas duas profecias que conferem um falso tom de segurança ao protagonista. A única evidência de uma encenação de *Macbeth* são as anotações do astrólogo Simon Forman (1552-1611), feitas após assistir à tragédia no The Globe em 1611 — antes da provável data em que Middleton reformou a obra —, que não mencionam as cenas revisadas. Esse relato, portanto, não indica se a performance incluiu Hécate, as canções e a parada de reis, mas pode sinalizar uma importante diferença entre dois momentos da trajetória de *Macbeth*.[26] Se Orgel estiver correto ao afirmar a existência de diferenças entre a versão da corte e do teatro público — conclusão também apoiada por Dutton, conforme visto acima —, Middleton *teria revisado um texto já adaptado*.[27] Embora não mencione esses itens, o atento astrólogo jacobino oferece uma pista importante para compreender uma dimensão adicional da revisão que abarca a noção do sobrenatural em *Macbeth*, ao descrever as "irmãs fatídicas":

> *There was to be observed first how Macbeth and Banquo, 2 noblemen of Scotland, riding through a wood, there stood before them 3 women fairies or nymphs, and saluted Macbeth, saying 3 times unto him, "Hail Macbeth, king of Codon [thane of Cawdor], for thou shall be a king but shall beget no kings," etc. Then said Banquo, "What, all to Macbeth, and nothing to me?" There said the nymphs, "Hail to thee, Banquo, thou shall beget kings, yet be no king". And so they departed and came to the court of Scotland to Duncan, king of Scots, and it was in the days of Edward the Confessor, and Duncan bade them both kindly welcome, and made Macbeth forthwith Prince of Northumberland, and sent him home to his own castle and appointed Macbeth to provide for him for he would sup with him the next day at night.*[28]

> Primeiro há que se observar como Macbeth e Banquo, dois nobres da Escócia, cavalgando por um bosque, depararam com três mulheres — fadas ou ninfas — que se puseram diante deles e saudaram Macbeth, dizendo-lhe três vezes: "Salve, Macbeth, rei de Codon [*thane* de Cawdor], pois tu serás rei, mas não gerarás reis" etc. Então disse Banquo: "Como? Tudo para Macbeth, mas nada para mim?". As ninfas então responderam: "Salve a ti, Banquo; tu gerarás reis, embora não sejas rei". E assim eles partiram. Macbeth e Banquo seguiram até a corte da Escócia, onde encontrariam Duncan, o rei dos escoceses, e isso foi no reinado de Eduardo, o Confessor. Duncan os recebeu com cortesia e, rapidamente, fez de Macbeth príncipe da Nortúmbria, enviando-o de volta ao seu castelo, ordenando preparativos para hospedá-lo, pois eles jantariam juntos na noite seguinte.

A palavra utilizada por Forman que mais se aproxima do registro do sobrenatural é "fadas" ou "ninfas". Esses mesmos termos também estão presentes na fonte primária de Shakespeare para o texto: *As crônicas da Inglaterra, Escócia e Irlanda*, de Raphael Holinshed, republicado em 1587. Nesse livro, Shakespeare, então um poeta novato em Londres, descobriu as narrativas iniciais para suas obras históricas. O historiador Tudor descreve o encontro entre Banquo, Macbeth e as "três mulheres" de maneira muito semelhante ao relato da encenação acima:

> *It fortuned as Macbeth and Banquo journeyed towards Forres* [...], *there met them three women in strange and wild apparel, resembling creatures of elder world, whom when they attentively beheld, wondering much at the sight, the first of them spoke* [...]. *Herewith the aforesaid women vanished immediately out of their sight. This was reputed at the first but some vain fantastical illusion by Macbeth and Banquo* [...]. *But afterwards the common*

opinion was, that these women were either the weird-sisters, that is (as you would say) the goddesses of destiny, or else some nymphs or fairies, endued with knowledge of prophesy by their necromantic science, because everything came to pass as they had spoken. [...] The same night after, at supper, Banquo jested with him and said: "Now Macbeth thou hath hast obtained those things which the two former sisters prophesied [...]".[29]

Aconteceu que, enquanto Macbeth e Banquo viajavam em direção a Forres, [...] encontraram-se com três mulheres trajadas de modo estranho e selvagem, parecendo criaturas de um mundo antigo. E, quando as observaram atentamente, maravilhados com tal visão, a primeira delas falou [...]. Na sequência, essas referidas mulheres desapareceram de imediato da vista deles. A princípio, Macbeth e Banquo tomaram aquilo por mera ilusão vã e fantasiosa [...]. Mas, mais tarde, formou-se a opinião comum de que tais mulheres seriam as irmãs do destino — isto é, como se diria, as deusas do destino — ou talvez algum tipo de ninfas ou fadas, dotadas de saber profético por sua ciência necromântica, pois tudo veio a acontecer conforme haviam dito. [...] Naquela mesma noite, durante o jantar, Banquo gracejou com Macbeth e disse: "Agora, Macbeth, tu já alcançaste aquilo que as duas outras irmãs predisseram [...]".

Tanto Forman quanto Holinshed recorreram a termos parecidos para descrevê-las ("ninfas" e "fadas"), mas não à palavra "*witches*" (bruxas) ou similares. Com base nessas duas descrições e nos demais elementos vistos acima, o papel da revisão de Middleton revela-se coerente e tematicamente delimitado, ao concentrar-se em cenas com essas personagens. Em algum momento, aproximadamente depois de 1611, ano em que Forman viu o espetáculo e fez suas anotações, as "ninfas" ou "fadas" se transformaram em "bruxas".[30] Em outras palavras, o texto original de Shakespeare de 1606 provavelmente diferia da versão de 1623 — a única que conhecemos. Os dois efeitos mais visuais e reconhecíveis da peça, a transformação das "irmãs fatídicas" (*weird sisters*) em "bruxas" (*witches*) e a inclusão de Hécate como personagem na trama, possivelmente se originam da intervenção de Middleton por volta de 1616, ano de composição de *The Witch* e das canções.

Vale lembrar que, no texto do *Fólio*, as rubricas de entrada e saída trazem a palavra "bruxa(s)", sem que cada uma delas tenha um nome específico. Elas são indicadas apenas por uma ordenação numérica (1ª bruxa, 2ª bruxa e 3ª bruxa). Por outro lado, como visto acima, justamente nas sequências com elas encontram-se também *as rubricas de Middleton*, reforçando a conclusão de que ele redefiniu dramaticamente esses trechos. Embora isso não possa ser factualmente demonstrado sem que outra impressão de *Macbeth* ou outro documento relevante venha a ser descoberto, a consistência e a direção das revisões apontam uma preocupação com a modulação e a caracterização do sobrenatural — da aura mística das fadas e ninfas para o mundo sombrio das bruxas.

A cena que se inicia com Hécate é bastante diferente daquela em que Macbeth encontra as "irmãs fatídicas" pela primeira vez I.3), ou mesmo da abertura da tragédia (I.1). De fato, a expressividade de suas falas na nova cena combina, curiosamente, traços graciosos, grotescos e cômicos, trazendo um forte sabor popular em IV.1, em contraste com o tom peremptório, grave, evasivo e enigmático das primeiras aparições dessas entidades. A impressão na combinação de III.5 e IV.1 é quase de uma peça dentro da peça, descolada da trama principal e produzindo um efeito de dissociação entre o gracioso e o trágico.[31] As supostas alterações de Middleton concentram-se precisamente nessa sequência, com a introdução inesperada de uma nova personagem, Hécate, e de outras bruxas subalternas, que aparecem ali mesmo numa cena que beira o carnavalesco — de três iniciais, passa-se a sete figuras sobrenaturais acompanhadas por um gato, tornando difícil distingui-las entre si.

Essa variação, decorrente da questão autoral, acaba por refletir a percepção de espectadores e leitores que sentem certa incongruência entre a cena de Hécate, lúdica em sua feitiçaria frívola e gracejadora, e o corpo de um drama trágico, terrível e incomensuravelmente político e ético. De fato, boa parte da cena de Hécate remete, em certa medida, a um decalque adaptado ao estilo dos interlúdios cômicos que eram interpolados entre momentos sérios em peças da tradição teatral imediatamente anterior à de Shakespeare. Não se trata, obviamente, em *Macbeth* da mesma função que interlúdios exerciam, com sua estrutura mais autônoma. Ao mesmo tempo que conservam esse resquício de tradições anteriores, estabelece-se um vínculo com as emergentes mascaradas que continuariam a ser populares no ambiente cortesão, ao qual a tragédia se associa, ainda que momentaneamente. Por mais bem-sucedida que a musicalidade dessas passagens middletonianas tenha sido ao longo do tempo, o vínculo entre algo lúdico e sério difere do tratamento dado ao mesmo recurso em outras tragédias. Embora o cômico, o grotesco e até o lúdico sejam presenças comuns na tragédia shakespeariana, eles geralmente se integram com maior organicidade ao drama principal. Assim ocorre, por exemplo, na cena dos coveiros em *Hamlet*, que começa com um *memento mori* anedótico e retórico sobre a morte, para logo se transformar na cena do enterro de Ofélia, quando a presença da morte é real, dolorosamente verdadeira, contrastando com as piadas dos coveiros e de Hamlet sobre as caveiras, as ossarias e o destino humano fadado ao nada da morte. Em *Macbeth*, a cena do porteiro, carregada de termos jocosos e trocadilhos, está associada tematicamente a tudo o que fora apresentado até aquele momento, como as assustadoras batidas que perturbam a consciência (batidas do sino, ou do coração, ou da porta), a verdade que se esconde através das aparências e as falsas promessas (profecias, equivocação e a bebida) e a perplexa mistura entre o imóvel estado de sono e o da morte. Essa organicidade temática (as várias recorrências ao mesmo tema), dispersa em momentos de tom contrastante entre o pavor de Macbeth e o humor do porteiro, existe de forma limitada nas duas cenas que envolvem Hécate. Entretanto, o ritmo do texto nos momentos finais, menos poeticamente articulado que os iniciais, transitando entre grupos de personagens distintos (Macbeth, seus inimigos e os ingleses), além de ações condensadas em uma temporalidade estendida, pode contribuir indiretamente para essa mesma sensação de descolamento da harmonia formal entre as aparições de Hécate e o crescente de angústia nas cenas finais.[32]

IV. SAEM AS IRMÃS FATÍDICAS

Considerando todas as informações sobre as cenas, personagens e possíveis razões teatrais para a adaptação, é possível concluir que a revisão de Middleton modifica significativamente a leitura do arco de ação, intensificando os elementos fantásticos. Ampliando a perspectiva, nota-se que Hécate está ausente na versão original de Shakespeare —[33] o que representa uma mudança significativa. A presença das "irmãs fatídicas" ou "bruxas" na adaptação é dramaticamente aumentada, como se vê na nova disposição de IV.1: de um trio habitual, passamos a ter sete figuras simultaneamente em cena. A cena III.5 possivelmente representa uma contribuição original de Middleton, pois não existiria motivo para Hécate aparecer no texto se ela não protagonizar os eventos de IV.1. Sem a III.5, o número de cenas sobrenaturais se manteria em três (I.1, I.3 e IV.1) em vez de quatro, como ocorre no texto revisado.

Outra consequência dessa ampliação é o destaque dado às personagens femininas, as "irmãs fatídicas" ou "bruxas". Hécate e sua trupe dominam um dos momentos centrais da peça. Esse movimento expansivo também se observa na revisão de *Bem está o que bem acaba* e *Medida por medida*,[34] assim como nas obras middletonianas em geral. O texto anterior, por sua vez, parece concentrar-se mais na interioridade e na angústia do protagonista. Sem os recursos visuais e sonoros que Middleton usou para suavizar as "irmãs fatídicas" na cena IV.1 revisada, o segundo encontro repete a brevidade e o clima de inquietação do momento profético inicial em I.3 — mantendo-se em sintonia com a caracterização estabelecida em I.1.

Outro papel que indiretamente ganha destaque é o de Lady Macbeth, cujo incentivo ao ato sobressai ainda mais na ausência de Hécate como figura central das certezas e inseguranças do protagonista. Na versão original, o denso diálogo entre Macbeth (I.7) e sua esposa configura um espaço intermediário entre as situações proféticas de I.3 e IV.1. Nesta última, sem o aparato visual e sonoro da adaptação, o espectador ou leitor pode acompanhar com mais nitidez as marcantes deliberações verbais. O texto em geral explora nossa percepção aural ao direcionar, com frequência, nossa atenção para a sutileza dos passos, batidas e galopes — mas Shakespeare evita esse recurso nas cenas proféticas. Middleton, por sua vez, incorpora uma mescla explícita de sons e imagens em sua versão do segundo encontro, transformando o delicado domínio aural em elaborado espetáculo visual.

Portanto, no original, tanto I.3 quanto IV.1 retratam "ninfas" ou "fadas" que interagem menos com as demandas do protagonista, conforme a fonte em Holinshed e o relato de Forman. Ambas as descrições se concentram na reação e no sentido atribuído pelo protagonista aos dois momentos de profecia (aquelas feitas ao lado de Banquo em I.3 e já como rei em IV.1). Na revisão, essas mesmas cenas divergem em tom, pois IV.1 inclui canções, Hécate, três personagens adicionais e os recursos visuais sugerindo voos, e até a presença de um animal vivo. Se considerarmos os efeitos temáticos no texto revisado de 1623, há a dispersão da responsabilidade dos atos nefastos entre Macbeth e elas, algo que, no período, inevitavelmente sugeriria uma conexão com o demoníaco.[35] Na versão anterior, por outro lado, as fadas e ninfas não assumem papel decisivo nem evocam uma associação explícita com o demônio, conferindo maior relevância ao peso das decisões individuais do protagonista, à sugestiva influência de sua esposa ou, possivelmente, a ambos.

Tudo leva a crer na presença do punho de Middleton nessas passagens por meio da forma singular de sinalizar entradas de personagens, pelo elo musical com *The Witch*, e na forma como Hécate se comunica, em sintonia com o padrão usado por outros seres semelhantes nas obras do mesmo dramaturgo, como vimos. Incertezas pairam sobre a história do texto. No entanto, algumas informações são sólidas e podem iluminar nossa interpretação. Middleton interagiu profissionalmente com Shakespeare durante um período considerável. *Macbeth* (original, 1606) é uma obra perdida, o *Fólio* de 1623 traz marcas de revisões, possivelmente feitas depois da morte do poeta, em 1616. A hipótese de se tratar da adaptação de um texto mais extenso e voltado a uma encenação na corte é alta. A tragédia que conhecemos é mais sonora e visual do que sua primeira versão e recorre a bruxas — e não a fadas ou ninfas. Esses atributos não a tornam uma anomalia, pois certamente outros dos títulos do repertório da King's Men passaram por processos semelhantes. O *Macbeth* de 1623 possui um protagonista menos sinistro, quase induzido pelas bruxas, mas se torna espetacular graças ao ambiente e ao tom definidos pelo adaptador. Middleton reaproveita recursos e personagens já existentes, acrescenta espetáculo e musicalidade, atualizando a tragédia para um novo momento e contexto cênico — das mascaradas na corte à musicalidade e/ou à ambientação noturna do Blackfriars. Por fim, cabe ao leitor — agora mais ciente da trajetória da obra que tem em mãos —, instigado ou hesitante, a tarefa de reinterpretá-la à luz de novas informações, encontrando sentido em seu percurso dentro de *Macbeth*. Afinal, foi Middleton quem nos legou uma última e encantadora contribuição: o único gato em cena nas obras de Shakespeare.[36]

Notas

1. Estas são: *Os dois cavalheiros de Verona* (1590-1), *A megera domada* (1590-1), *Henrique VI Parte I* (1591), *A comédia dos erros* (1594), *Rei João* (1596), *Júlio César* (1599), *Do jeito que você gosta* (1599-1600), *Noite de reis* (1601), *Medida por medida* (1604), *Bem está o que bem acaba* (1604-5), *Tímon de Atenas* (1605), *Antônio e Cleópatra* (1606), *Macbeth* (1606), *Coriolanus* (1608), *Conto de inverno* (1609), *Cymbeline* (1610), *A tempestade* (1611) e *Henrique VIII* (1613). A datação das obras usadas neste texto segue o estabelecido em Gary Taylor, "The Canon and the Chronology of Shakespeare's Plays", em Stanley Wells et al., *William Shakespeare: A Textual Companion* (Oxford: Oxford University Press, 1997 [1987]), pp. 69-144, e Gary Taylor e John Lavagnino (orgs.), *Thomas Middleton and Early Modern Textual Culture: A Companion to The Collected Works* (Oxford: Oxford University Press, 2007) para as obras de seus respectivos dramaturgos.
2. Nessa contagem, desconsidero a publicação de *Péricles*, também em 1609 e com tiragens posteriores, por possivelmente não ter sido algo relacionado à King's Men. De 1608-9 em diante, aparecem reimpressões e versões não autorizadas pela companhia teatral, além de *Otelo* (Q, 1622), pouco tempo antes do *Fólio*.
3. Siobhan Keenan, *Acting Companies and their plays in Shakespeare's London*. Londres: Bloomsbury, 2014, pp. 59, 66.
4. Durante o período de 1592 a 1604, Philip Henslowe deixou anotações referentes ao gerenciamento diário de suas companhias teatrais, a Lord Strange's Men e a Lord Admiral's Men. O documento, conhecido como *Diário de Henslowe*, registra os investimentos feitos em 325 títulos (Grace Ioppolo, "Henslowe's Diary: Including the First Recorded Performances of *Henry VI* and *Titus Andronicus*, and a Possible Performance of *The Taming of the Shrew*". *Shakespeare Documented*,

2020. Disponível em: <shakespearedocumented.folger.edu/node/553>. Acesso em: 10 ago. 2023).

5. As revisões atribuídas a Shakespeare ocorrem em *Henrique VI Parte 1* (adições de 1593-4, sendo o original de 1591, por Christopher Marlowe e Thomas Nashe), *Sir Thomas More* (adições de 1604, original de 1600, por Anthony Munday e Henry Chettle). É possível que as adições incluídas na quarta impressão de *A tragédia espanhola* (Q4, adições de 1602), cujo original é de 1587, por Thomas Kyd, tenham passado por processo semelhante.

6. Gerald Eades Bentley, *The Profession of Dramatist in Shakespeare's Time*. Princeton: Princeton University Press, 1971; Will Sharpe, "Authorship and Attribution", em Jonathan Bate et al., *William Shakespeare and Others: Collaborative Plays*. Basingstoke: Macmillan, 2013; John Jowett, "Shakespeare as Collaborator", em Paul Edmondson e Stanley Wells, *Shakespeare Beyond Doubt: Evidence, Argument, Controversy*. Cambridge: Cambridge University Press, 2013. Neste texto, os termos "alteração", "adaptação" e "revisão" são empregados de forma intercambiável, sem as distinções que adquiriram em seus significados modernos.

7. As obras colaborativas incluem: *Arden de Faversham* (1589), *Henrique VI Parte 2* (1591), *Henrique VI Parte 3* (1591), *Titus Andronicus* (1592), *Tímon de Atenas* (1606), *Péricles* (1607), *Henrique VIII* (1613), *Dois primos nobres* (1613) e *Cardênio* (perdida, 1613-4). Sobre as peças colaborativas, ver: Régis Augustus Bars Closel, "Shakespeare e a prática da colaboração: O caso de 'Sir Thomas More' e sua tradução" (*Tradução em Revista*, v. 14, n. 1, pp. 10-35, 2013); e *Sir Thomas More: Estudo e tradução* (Campinas: Instituto de Estudos da Linguagem, Unicamp, 2016, Tese [Doutorado]); Gary Taylor, "Why Did Shakespeare Collaborate?" (*Shakespeare Survey*, v. 67, pp. 1-17, 2014); Brian Vickers, *Shakespeare Co-Author* (Oxford: Oxford University Press, 2002), além das edições recentes dessas obras, e de Gary Taylor e Gabriel Egan, *The New Oxford*

Shakespeare: Authorship Companion (Oxford: Oxford University Press, 2017), para os detalhes de procedimento. Casos mais recentes de discussão sobre atribuição de autoria envolvem a redação de *A megera domada* (1591), tratada por John Nance em "Early Shakespeare and the Authorship of *The Taming of the Shrew*", em Rory Loughnane e Andrew J. Power [orgs.], *Early Shakespeare, 1588-1594* (Cambridge: Cambridge University Press, 2020). Para conhecer uma peça colaborativa em língua portuguesa, com o processo acessivelmente detalhado ao longo do texto, ver minha tradução de *Sir Thomas More* (Anthony Munday; William Shakespeare et al., *Sir Thomas More: Uma peça teatral.* Santa Maria: Editora da UFSM, 2024).

8. Middleton nasceu em Londres e se especializou no gênero da comédia urbana ("*city comedies*" ou "*city plays*"), participou de diversas polêmicas, expressou opiniões religiosas em suas peças, escreveu para diferentes grupos teatrais e teve a carreira interrompida após ser preso em decorrência da controversa encenação de *A Game at Chess*, apresentada em agosto de 1624 pela King's Men. Até onde é possível verificar, nenhuma dessas características pessoais é observável no colega de Stratford-upon-Avon. No entanto, a proximidade entre os dois, no período entre 1603-7, parece ter sido importante para seu percurso criativo e para o fortalecimento da relação profissional com a companhia. Para as informações biográficas, foram consultados: Emma Smith, "His Collaborator Thomas Middleton", em Paul Edmondson e Stanley Wells (orgs.), *The Shakespeare Circle: An Alternative Biography* (Cambridge: Cambridge University Press, 2015), e o *Oxford Middleton, em* Gary Taylor e John Lavagnino (orgs.), *The Collected Works of Thomas Middleton*, op. cit. As diferenças de criação, local de nascimento e idade, segundo a sociolinguística, influenciam hábitos e preferências de escrita, permitindo formas de distinção na redação de um e de outro (Jonathan Hope, *The Authorship of*

Shakespeare's Plays. Cambridge: Cambridge University Press, 1994).

9. Gary Taylor, "Macbeth and Middleton", em William Shakespeare, *Macbeth*. Org. de Robert Miola. Nova York: W. W. Norton, 2014, p. 296.

10. As obras *The Phoenix* (1603), *The Yorkshire Tragedy* (1605) e *The Revenger's Tragedy* (1607) ecoam temas presentes em *Medida por medida*, *Otelo*, *Hamlet* e *Rei Lear*, todas próximas temporalmente. Ademais, Shakespeare escreveu "The Rape of Lucrece" em 1593-4. Middleton produziu sua versão da mesma história em "The Ghost of Lucrece" em 1600. Nessa época, Middleton escreveu *The Puritan* (1606) para outra companhia, a Children of Paul's, antes de retomar o trabalho para a King's Men em colaboração com Shakespeare em *Tímon* em 1607. Além dessas, as três peças que o próprio Middleton revisaria a partir de 1616, *Medida por medida* (1603), *Bem está o que bem acaba* (1604-5) e *Macbeth* (1606), surgem nesses anos (William David Green, *Thomas Middleton and the Adaptation of Shakespeare: Late Jacobean Politics in Print and Performance, 1616-1623*. Birmingham: Shakespeare Institute, College of Arts and Law, University of Birmingham, 2021, pp. 67-91). Duas atribuições incorretas de autoria também conectam os dramaturgos nesse intervalo: em 1607, *The Puritan* aparece atribuída a "W.S.", e, em 1608, *The Yorkshire Tragedy* é associada ao nome "W. Shakespeare". A terceira versão do *Fólio* de Shakespeare, em 1667, também inclui esses dois títulos de Middleton.

11. Gary Taylor, "*Macbeth* and Middleton", op. cit., p. 296.

12. Em síntese, segundo Green, op. cit., p. 11, até o momento, a expansão de sua mão se encontra neste estágio: Middleton é responsável por 151 versos, ou aproximadamente 7,2% do texto total da peça.

13. Tiffany Stern, *Documents of Performance in Early Modern England*. Cambridge: Cambridge University Press, 2009, p. 156.

14. Robert E. Moore, "The Music to 'Macbeth'". *The Musical Quarterly*, v. 47, pp. 29-30, 1961. A canção adicionada por William Davenant, nas montagens dos anos 1660, ocorria no segundo ato da peça.
15. Essa iniciativa não passou sem contestação. Em 2010, um grupo composto por Brian Vickers, Marcus Dahl e Marina Tarlinskaya apresentou diversas objeções à tese. No entanto, a comunidade científica identificou múltiplas deficiências nessas tentativas de refutação, que não chegaram a abalar o consenso de que o dramaturgo londrino continuou revisando os textos da companhia. Ver, por exemplo, Gary Taylor e Gabriel Egan, op. cit., cap. 4. Para uma visão geral expandida sobre as revisões de Middleton, ver Green, op. cit.
16. Hécate é mencionada por Macbeth em duas cenas não atribuídas a Middleton, nas quais ela é uma entidade noturna associada a atos terríveis: "A magia celebra os ritos/ Da pálida Hécate, e o esquálido homicídio" (II.1.53-4) e "Ao apelo de Hécate, toque a campânula/ Da longa noite lerda" (III.2.46-7). Ambas ocorrem antes de ela entrar em cena, visivelmente furiosa, em III.5.
17. Gary Taylor, "*Macbeth* and Middleton", op. cit., pp. 300-1.
18. Para as citações, este texto recorre a Gary Taylor et al., *The New Oxford Shakespeare: Complete Works* (Oxford: Oxford University Press, 2016), e Gary Taylor e John Lavagnino, op. cit. No caso de *Macbeth*, que coexiste em ambas, optei pelo *New Oxford Shakespeare* editado por John Jowett. As traduções, exceto as próprias deste *Macbeth*, são minhas.
19. Roger Holdsworth, "Stage Directions and Authorship: Shakespeare, Middleton, Heywood". *Memoria di Shakespeare*, v. 8, pp. 190-200, 2012. O pesquisador reforça a confiança dessa marca autoral ao situar que as rubricas desse dramaturgo também estão presentes em manuscritos (p. 190).
20. Stephen Orgel, "Macbeth and the Antic Round". *Shakespeare Survey*, v. 52, p. 143, 1999. Além de *The Witch*,

mais oito peças contemporâneas tratavam desses assuntos.

21. Caroline Baird, "From Court to Playhouse and Back: Middleton's Appropriation of the Masque". *Early Theatre*, v. 18, n. 2, p. 57, 2015.

22. Caroline Baird, op. cit., ao tratar de outras peças, afirma que Middleton empregava elementos de *masques* em suas obras dramáticas, transitando entre o espaço da corte e o teatro público, e adaptando esse gênero a outros contextos. Diferentemente de *Macbeth*, de acordo com Green (op. cit., pp. 153-239), a revisão dos outros textos (*Medida por medida*, de 1621, e *Bem está o que bem acaba*, de 1622) ocorreu em datas posteriores à de *Macbeth*, possivelmente com o propósito de dialogar com medidas ligadas à Guerra dos Trinta Anos e ao envolvimento de James I no embate internacional.

23. Richard Dutton, *Shakespeare, Court Dramatist*. Oxford: Oxford University Press, 2016, p. 37; Alvin Kernan, *Shakespeare, the King's Playwright: Theater in the Stuart Court, 1603-1613*. New Haven; Londres: Yale University Press, 1995, pp. 71-88; William David Green, op. cit., p. 102. Tanto Dutton quanto Kernan estudaram detalhadamente o ambiente de encenação das peças da King's Men em um contexto investigativo desvinculado das discussões de atribuição de autoria.

24. Richard Dutton, op. cit., p. 281. Vale lembrar que *The Witch* foi escrita para esse mesmo teatro.

25. Stephen Orgel, op. cit., pp. 144-5.

26. William David Green, op. cit., pp. 113-4.

27. Para diferenças dos textos existentes em duas versões, ver Richard Dutton, op. cit.

28. Simon Forman, "The Bocke of Plaies and Notes therof per forman for Common Pollicie". MS Ashmole 208, 1611, folio 207 recto, transcrição modernizada.

29. Raphael Holinshed, *The Chronicles of Scotland*. Londres: J. Johnson, 1807-8 [1587], pp. 268-9. A ortografia foi modernizada.

30. Celia R. Daileader, em "Weird Brothers: What Thomas Middleton's The Witch Can Tell Us about Race, Sex and

Gender in Macbeth", em Scott L. Newstok e Ayanna Thompson (orgs.). *Weyward Macbeth: Intersections of Race and Performance* (Nova York: Palgrave, 2010), pp. 11-2, parte criativamente do mesmo raciocínio — a transformação de fadas em bruxas por Middleton depois da morte de Shakespeare — para pensar comparativamente aspectos de raça e gênero nas obras de ambos os autores e seus desdobramentos nas encenações modernas. Essa aplicação demonstra como a atribuição de autoria e suas implicações podem iluminar novas interpretações.

31. Stephen Orgel, op. cit., p. 144.

32. Por mais intrigantes que sejam esses apontamentos, o cenário de atribuição de autoria não se define por um ou outro resultado que aponte um candidato específico. Tampouco cabe a testes, com auxílio de banco de dados e computadores, distribuir partes. É necessário que conclusões convergentes proporcionadas por diferentes pesquisas e pesquisadores se acumulem. Também é fundamental que sejam passíveis de validação científica, isto é, que produzam os mesmos vereditos quando os testes forem repetidos. Para que o método seja confiável, ao se aplicar um teste deve-se ter a totalidade de textos e de dramaturgos. Por fim, faz-se imprescindível um consenso crítico qualificado que avalie o que foi obtido. Com o acúmulo de desdobramentos — como a inclusão de *Macbeth* em uma coletânea das obras de Middleton, o amplo material sobre o assunto nas edições modernas e o consenso entre os especialistas —, pode-se afirmar que a presença do autor na tragédia tem sido amplamente aceita, embora aspectos específicos ainda possam ser discutidos. Entretanto, como observam os estudiosos elencados nesta discussão, a precisão quanto à data e à exata distribuição de partes permanece incerta — e talvez nunca venha a ser definida, pois, quanto menor a unidade de análise (isto é, o tamanho do fragmento suspeito), mais complexo se torna o processo.

33. Gary Taylor, "*Macbeth* and Middleton", op. cit., pp. 300-1.

34. William David Green, op. cit., pp. 125, 151.

35. As próprias "irmãs fatídicas" aparecem duas vezes associadas ao termo "bruxa". Na primeira ocorrência, em I.3, trata-se da injúria direcionada à primeira bruxa por outra pessoa; na segunda, em IV.1, trata-se de um ingrediente — "múmia de bruxa" ("pó de ebó" nesta tradução) — adicionado ao caldeirão. É possível interpretar que, em dois momentos autorais distintos, as referências ao termo "bruxa" não servem exatamente para classificá-las como tal — sugerindo, ao contrário, certa ambiguidade quanto à identidade das personagens. O único momento em que Macbeth as chama de "bruxas" é através do termo "*hag*" (IV.1), que enfatiza o lado visual e horripilante, embora seja uma cena com forte presença da mão de Middleton.

36. O gato também recupera algo já mencionado no original, pois cria um elo entre três animais: o "pobre gato do adágio" (I.7.45) mencionado por Lady Macbeth; "Graymalkin" (I.1.9, "Grisalin", nesta tradução), mencionado por uma das bruxas na porção shakespeariana; e o animal que de fato entra em cena com Hécate na revisão de Middleton (III.5). Aproveito para registrar meus agradecimentos aos amigos, alunos e orientandos: Lawrence, Gary, Ricardo, Stefany, Gustavo, Ana Karina e Roberta, que colaboraram e discutiram esse assunto comigo ou mesmo leram versões preliminares deste texto. Os possíveis erros e imprecisões são de minha mão.

Bibliografia

BAIRD, Caroline. "From Court to Playhouse and Back: Middleton's Appropriation of the Masque". *Early Theatre*, v. 18, n. 2, pp. 57-85, 2015.

BATE, Jonathan; RASMUSSEN, Eric (orgs.). *William Shakespeare and Others: Collaborative Plays*. Basingstoke: Macmillan, 2013.

BENTLEY, Gerald Eades. *The Profession of Dramatist in Shakespeare's Time*. Princeton: Princeton University Press, 1971.

CLOSEL, Régis Augustus Bars. "Shakespeare e a prática da colaboração: O caso de 'Sir Thomas More' e sua tradução". *Tradução em Revista*, v. 14, n. 1, pp. 10-35, 2013.

CLOSEL, Régis Augustus Bars. *Sir Thomas More: Estudo e tradução*. Campinas: Instituto de Estudos da Linguagem, Unicamp, 2016. Tese (Doutorado).

_____. "Edition/ Translation". In: BOURNE, Claire M. L. (org.). *Shakespeare/ Text*. Arden Shakespeare Intersections. Londres: Bloomsbury, 2021. pp. 84-101.

_____."Mapeando a colaboração entre William Shakespeare e Thomas Middleton em *Tímon de Atenas*". In: SHAKESPEARE, William; MIDDLETON, Thomas. *Tímon de Atenas*. Trad. de José Roberto O'Shea, no prelo.

CRAIG, Hugh; KINNEY, Arthur F. (orgs.). *Shakespeare, Computers, and the Mystery of Authorship*. Cambridge: Cambridge University Press, 2009.

DAHL, Marcus. "A New Shakespeare Collaboration? All's Not Well" (in the data). Institute of English Studies, Londres, 2012.

DAILEADER, Celia R. "Weird Brothers: What Thomas Middleton's *The Witch* Can Tell Us about Race, Sex and Gender in *Macbeth*". In: NEWSTOK, Scott L.; THOMPSON, Ayanna (orgs.). *Weyward Macbeth: Intersections of Race and Performance*. Nova York: Palgrave, 2010. pp. 11-20.

DUSTAGHEER, Sarah. *Shakespeare's Two Playhouses: Repertory and Theatre Space at the Globe and the Blackfriars, 1599-1613*. Cambridge: Cambridge University Press, 2017.

DUTTON, Richard. *Shakespeare, Court Dramatist*. Oxford: Oxford University Press, 2016.

FORMAN, Simon. "The Bocke of Plaies and Notes Therof Per Forman for Common Pollicie". MS Ashmole 208, 1611. In: *Forman's Account of Seeing Plays at the Globe: Macbeth, Cymbeline, Winter's Tale*, 1611, pp. 200-200v. Bodleian Library, Oxford University, Oxford, UK. Shakespeare Documented, preparado por Folger Shakespeare e Steven W. May. Disponível em: <https://shakespearedocumented.folger.edu>. Acesso em: 10 ago. 2023.

GREEN, William David. *Thomas Middleton and the Adaptation of Shakespeare: Late Jacobean Politics in Print and Performance, 1616-1623*. Birmingham: Shakespeare Institute, College of Arts and Law, University of Birmingham, 2021. Tese (Doutorado).

HOLDSWORTH, Roger. "Stage Directions and Authorship: Shakespeare, Middleton, Heywood". *Memoria di Shakespeare*, v. 8, pp. 185-200, 2012.

HOLDSWORTH, Roger. "Shakespeare and Middleton: A Chronology for 1605-6". In: TAYLOR, Gary; EGAN, Gabriel. *The New Oxford Shakespeare: Authorship Companion*. Oxford: Oxford University Press, 2017. pp. 366-84.

HOLINSHED, Raphael. *The Chronicles of England, Scotland and Ireland*. v. 5. Londres: J. Johnson, 1807-8 [1587]. Disponibilizado digitalmente pela University of Toronto em Archive.org.

HOPE, Jonathan. *The Authorship of Shakespeare's Plays*. Cambridge: Cambridge University Press, 1994.

IOPPOLO, Grace. "Henslowe's Diary: Including the First Recorded Performances of *Henry VI* and *Titus Andronicus*, and a Possible Performance of the *Taming of the Shrew*". *Shakespeare Documented*, 2020. Disponível em: <shakespearedocumented.folger.edu/node/553>. Acesso em: 10 ago. 2023.

JACKSON, MacDonald P. "Authorship and the Evidence of Stylometrics". In: WELLS, Stanley; EDMONDSON, Paul (orgs.). *Shakespeare Beyond Doubt*. Cambridge: Cambridge University Press, 2013. pp. 100-10.

______. *Determining Shakespeare's Canon: Arden of Faversham and a Lover's Complaint*. Oxford: Oxford University Press, 2014.

JOWETT, John. "Shakespeare as Collaborator". In: WELLS, Stanley; EDMONDSON, Paul (orgs.). *Shakespeare Beyond Doubt: Evidence, Argument, Controversy*. Cambridge: Cambridge University Press, 2013. pp. 88-99.

KEENAN, Siobhan. *Acting Companies and their plays in Shakespeare's London*. Londres: Bloomsbury, 2014.

KERNAN, Alvin. *Shakespeare, the King's Playwright: Theater in the Stuart Court, 1603-1613*. New Haven; Londres: Yale University Press, 1995.

LOUGHNANE, Rory. "Thomas Middleton and *All's Well that Ends Well*? Part One". In: TAYLOR, Gary; EGAN, Gabriel (orgs.). *The New Oxford Shakespeare: Authorship Companion*. Oxford: Oxford University Press, 2017. pp. 278-302.

______. "Thomas Middleton and *All's Well that Ends Well*? Part Two". In: TAYLOR, Gary; EGAN, Gabriel (orgs.). *The New Oxford Shakespeare: Authorship Companion*. Oxford: Oxford University Press, 2017. pp. 307-20.

MAGUIRE, Laurie; SMITH, Emma. "Many Hands: A New Shakespeare Collaboration?". *Blog for Centre for Early Modern Studies*. Oxford: University of Oxford, 19 abr. 2012.

MEHL, Dieter. *Plotting Early Modern London: New Essays on Jacobean City Comedy*. Londres: Routledge, 2017.

MOORE, Robert E. "The Music to 'Macbeth'". *The Musical Quarterly*, v. 47, pp. 22-40, 1961.

MUNDAY, Anthony; SHAKESPEARE, William et al. *Sir Thomas More: Uma peça teatral*. Trad. de Régis Augustus Bars Closel. Santa Maria: Editora da UFSM, 2024.

NANCE, John V. "Early Shakespeare and the Authorship of *The Taming of the Shrew*". In: LOUGHNANE, Rory; POWER, Andrew J. (orgs.). *Early Shakespeare, 1588-1594*. Cambridge: Cambridge University Press, 2020. pp. 261-83.

ORGEL, Stephen. "*Macbeth* and the Antic Round". *Shakespeare Survey*, v. 52, pp. 143-53, 1999.

SHAKESPEARE, William. *Macbeth*. Org. de A. R. Braunmuller. The New Cambridge Shakespeare. Cambridge: Cambridge University Press, 2008.

______. *Macbeth*. Org. de Sandra Clark e Pamela Mason. The Arden Shakespeare Third Series. Londres: Bloomsbury, 2015.

SHARPE, Will. "Authorship and Attribution". In: BATE, Jonathan et al. *William Shakespeare and Others: Collaborative Plays*. Basingstoke: Macmillan, 2013. pp. 641-745.

______. "Compreendendo a autoria colaborativa de Shakespeare". Trad. de Régis Augustus Bars Closel. In: CLOSEL, Régis Augustus Bars; MARIN, Ronaldo (orgs.). *Shakespeare 450 Anos*. São Paulo: Instituto Shakespeare Brasil, 2014. pp. 35-68.

SMITH, Emma. "His Collaborator Thomas Middleton". In: EDMONDSON, Paul; WELLS, Stanley (orgs.). *The Shakespeare Circle: An Alternative Biography*. Cambridge: Cambridge University Press, 2015. pp. 297-304.

STERN, Tiffany. *Documents of Performance in Early Modern England*. Cambridge: Cambridge University Press, 2009.

TAYLOR, Gary. "*The Canon and the Chronology of Shakespeare's Plays*". In: WELLS, Stanley et al. *William Shakespeare: A Textual Companion*. Oxford: Oxford University Press, 1997 [1987]. pp. 69-144.

______. "*Macbeth* and Middleton". In: SHAKESPEARE, William.

Macbeth. Org. de Robert Miola. Nova York: W. W. Norton, 2014. pp. 296-305.

TAYLOR, Gary. "Why Did Shakespeare Collaborate?". *Shakespeare Survey*, v. 67, pp. 1-17, 2014.

_____. "Empirical Middleton: Macbeth, Adaptation, and Microauthorship". *Shakespeare Quarterly*, v. 65, n. 3, pp. 239-72, 2014.

_____. "*All's Well That Ends Well*: Text, Date, and Adaptation". In: TAYLOR, Gary; EGAN, Gabriel (orgs.). *The New Oxford Shakespeare: Authorship Companion*. Oxford: Oxford University Press, 2017. pp. 337-65.

TAYLOR, Gary; EGAN, Gabriel (orgs.). *The New Oxford Shakespeare: Authorship Companion*. Oxford: Oxford University Press, 2017.

TAYLOR, Gary; JOWETT, John. *Shakespeare Reshaped: 1606-1623*. Oxford Shakespeare Studies. Oxford: Clarendon Press, 1993.

TAYLOR, Gary; LAVAGNINO, John (orgs.). *The Collected Works of Thomas Middleton*. Oxford: Oxford University Press, 2007.

_____. *Thomas Middleton and Early Modern Textual Culture: A Companion to The Collected Works*. Oxford: Oxford University Press, 2007.

TAYLOR, Gary; NANCE, John V. "Imitação ou colaboração? Marlowe e o cânone shakespeariano inicial". Trad. de Régis Augustus Bars Closel. *Revista Letras* (UFSM), v. esp., n. 2, pp. 109-40, 2020.

TAYLOR, Gary et al. *The New Oxford Shakespeare: Complete Works*. Oxford: Oxford University Press, 2016.

VICKERS, Brian. *Shakespeare Co-Author*. Oxford: Oxford University Press, 2002.

VICKERS, Brian; DAHL, Marcus. "*All's Well That Ends Well*: An Attribution Refuted (with Annotations)". Institute of English Studies, Londres, 2012.

LEIA MAIS PENGUIN-COMPANHIA

CLÁSSICOS

William Shakespeare

Hamlet

Tradução, introdução e notas de
LAWRENCE FLORES PEREIRA
Ensaio de
T.S. ELIOT

Um jovem príncipe se reúne com o fantasma de seu pai, que alega que seu próprio irmão, agora casado com sua viúva, o assassinou. O príncipe cria um plano para testar a veracidade de tal acusação, forjando uma brutal loucura para traçar sua vingança. Mas sua aparente insanidade logo começa a causar estragos — para culpados e inocentes.

Esta é a sinopse da tragédia de Shakespeare, agora em nova e fluente tradução de Lawrence Flores Pereira. Mas a trama inventada pelo dramaturgo inglês vai muito além disso: *Hamlet* é um dos momentos mais altos da criação artística mundial, um retrato — eletrizante e sempre contemporâneo — da vida emocional de um *Homo sapiens* adulto.

WWW.PENGUINCOMPANHIA.COM.BR

LEIA MAIS PENGUIN-COMPANHIA
CLÁSSICOS

William Shakespeare

Otelo

Tradução, introdução e notas de
LAWRENCE FLORES PEREIRA
Ensaio de
W. H. AUDEN

Em Veneza, Otelo, um general mouro a serviço do Estado, conquista Desdêmona, uma jovem, filha de um nobre local. Após enfrentar a ira do pai e defender-se com sucesso contra a acusação de tê-la "enfeitiçado", ele parte a Chipre em companhia da esposa para combater o inimigo turco-otomano. Lá, seu alferes, o manipulador Iago, consegue paulatinamente instilar na mente do mouro a suspeita de que Desdêmona o traiu. Otelo é a tragédia em que Shakespeare estudou os mecanismos da imaginação, da paixão e do ciúme.

Em nova tradução de Lawrence Flores Pereira, que recria a linguagem grandiosa de Otelo e a prosa nefasta de Iago, esta nova edição é acompanhada de uma longa introdução e notas contextuais do tradutor, bem como de um ensaio de W. H. Auden.

WWW.PENGUINCOMPANHIA.COM.BR

LEIA MAIS PENGUIN-COMPANHIA
CLÁSSICOS

William Shakespeare

Romeu e Julieta

Tradução e notas de
JOSÉ FRANCISCO BOTELHO
Introdução de
ADRIAN POOLE

Há muito tempo duas famílias banham em sangue as ruas de Verona. Enquanto isso, na penumbra das madrugadas, ardem as brasas de um amor secreto. Romeu, filho dos Montéquio, e Julieta, herdeira dos Capuleto, desafiam a rixa familiar e sonham com um impossível futuro, longe da violência e da loucura.

Romeu e Julieta é a primeira das grandes tragédias de William Shakespeare, e esta nova tradução de José Francisco Botelho recria com maestria o ritmo ao mesmo tempo frenético e melancólico do texto shakespeariano. Contando também com um excelente ensaio introdutório do especialista Adrian Poole, esta edição traz nova vida a uma das mais emocionantes histórias de amor já contadas.

WWW.PENGUINCOMPANHIA.COM.BR

LEIA MAIS PENGUIN-COMPANHIA
CLÁSSICOS

William Shakespeare

Rei Lear

Tradução e notas de
LAWRENCE FLORES PEREIRA
Introdução de
LAWRENCE FLORES PEREIRA
E KATHRIN HOLZERMAYR ROSENFIELD

Muitas vezes considerado o ápice da produção dramática de Shakespeare, *Rei Lear* começa quando um rei idoso, em busca de um sucessor, acaba por escolher duas filhas indignas de sua confiança, em vez daquela que o ama. Por conta desse erro, ele se vê despojado de seu poder, condenado a uma vida miserável de horror e insanidade.

Nenhuma peça de Shakespeare foi tão longe na junção de traços grotescos, fantásticos e violentos, nos contrastes do humano, em cenas absurdas e impactantes repletas de ardis improváveis que envolvem a mente do leitor numa névoa que se mostra cada vez mais uma poderosa criação narrativa.

O elo de *Rei Lear* com a contemporaneidade fica evidente seja no caráter niilista ou nas insinuações pré-psicanalíticas da obra. Situada em um universo impiedoso, a tragédia sombria e brutal de Shakespeare é uma obra-prima imponente e fundamental, uma poesia feroz e de amplo escopo imaginativo.

WWW.PENGUINCOMPANHIA.COM.BR

Esta obra foi composta por Alexandre Pimenta em Sabon e impressa em ofsete pela Lis Gráfica sobre papel Pólen Natural da Suzano S.A. para a Editora Schwarcz em outubro de 2025

FSC
www.fsc.org
MISTO
Papel | Apoiando o manejo florestal responsável
FSC® C112738

A marca FSC® é a garantia de que a madeira utilizada na fabricação do papel deste livro provém de florestas que foram gerenciadas de maneira ambientalmente correta, socialmente justa e economicamente viável, além de outras fontes de origem controlada.